ars vivendi

Barbara Dicker
Hans Kurz

Das Schnaps-kochbuch

ars vivendi

Textnachweise:
S. 15: »Der Mensch lebt nicht ...«, Woody Allen; S. 19: »Wodka macht aus allen Menschen Russen.«, Ivan Rebroff; S. 35: »Ich hätte niemals von Scotch ...«, Humphrey Bogarts letzte Worte; S. 40: »Jedes Land hat das Getränk ...«, Sir Robert Bruce Lockhart; S. 51: »So geht es mit Tabak und Rum ...«, Wilhelm Busch, Die Haarbeutel/Vierhändig; S. 59: »Fünfzehn Mann auf des toten Mannes Kiste ...«, Robert Louis Stevenson, Die Schatzinsel; S. 63: »Die Zeit heilt alle Wunden ...«, Alfred Biolek; S. 69: »Mäßigung, das ist meine eiserne Regel ...«, Altes Sprichwort aus dem schottischen Hochland; S. 76: »Freiheit und Whisky ... «, Robert Burns; S. 81: »Ein Mensch, der Hunde hasst ...«, W.C. Fields; S. 86: »Ich habe immer eine Flasche Whiskey griffbereit ...«, W.C. Fields; S. 92: »Schwerenot, wo verstecke ich meinen Schnaps? ...«, Christian Dietrich Grabbe Scherz, Satire, Ironie und tiefere Bedeutung; S. 98: »Die chemische Analyse ...«, William Faulkner; S. 112: »Aber i' glaab', es is g'scheiter ...«, Franz von Kobell, Der Brandner Kaspar zum Boanlkramer; S. 130: »Die besten Vergrößerungsgläser ...«, Joachim Ringelnatz; S. 137: »Bier und Schnaps ...«, Heinrich Heine; S. 144: »Ich bin für alles ...«, Frank Sinatra; S. 158: »Euch ist bekannt, was wir bedürfen ...«, Johann Wolfgang von Goethe, Faust I, Vorspiel auf dem Theater

Originalausgabe

1. Auflage Mai 2012

www.arsvivendi.com

Lektorat: Stephan Naguschewski
Umschlaggestaltung: Jürgen Kreitmeier
Innengestaltung: Annina Himpel
Druck: Beltz, Bad Langensalza
Printed in Germany

ISBN 978-3-86913-120-7

Das Schnaps-kochbuch

Inhaltsverzeichnis

Einleitung

Das Käsefondue war schuld. Seinetwegen haben wir uns lange Zeit darauf beschränkt, Schnaps nur ab und zu vor oder nach, nie aber im Essen zu uns zu nehmen. Die Freunde, die uns die Schweizer Spezialität nach einem Alp-Sommer auftischten, hatten nämlich das Rezept falsch gelesen. Statt zwei Gläschen Kirschwasser für das gesamte Gericht zu planen, hatten sie zwei Stamperl pro Person hineingekippt. Über das Ergebnis wollen wir hier schweigen. Nur so viel: Wir bestellten schließlich eine Pizza. Erst Jahre später, als wir alle gelernt hatten, dass es durchaus nicht schadet, Rezepte aufmerksam zu studieren, kehrte Hochprozentiges in unsere Küche zurück, um Saucen einen Schuss Extra-Aroma zu geben, Desserts zu vergeistigen oder Fleischgerichte abzurunden.

Systematisch befassten wir uns mit den Wirkungsweisen von Schnaps am Herd allerdings erst, als dieses Buch Gestalt annahm. Uns war schnell klar, dass wir auf die meisten Klassiker wie Rumtopf oder Flambiertes verzichten würden. Stattdessen wollten wir neue Rezepte entwickeln. Das Ausprobieren und Ausreizen von Kombinationsmöglichkeiten hatte uns schließlich schon bei unserem Bierkochbuch viel Spaß gemacht. Beim Hochprozentigen gab's durch die große Vielfalt konzentrierter Aromen fast noch mehr Spielraum. Wir fanden heraus, dass sich Spinat und Whisky nicht wirklich vertragen, Spinat und Rum dagegen sehr gut. Wir entdeckten, dass Pastis der ideale Partner für Fisch ist und Fleischklopse Aquavit lieben. Wir freuten uns, dass Grappa mit Pasta eine innigere Partnerschaft einging als ein deutscher Korn. Wir wurden immer experimentierfreudiger, kreierten Salatdressings, Rohkostvarianten und Gemüsegerichte und schöpften bei den Desserts aus dem Vollen. Wir lernten, welches Gericht welche Mengen von Wodka, Cognac und Co. verträgt und welche Schnäpse zu welchen Lebensmitteln passten. Wir lernten außerdem, die Skeptiker unter unseren Freunden von zwei Dingen zu überzeugen.

Erstens, und das war einfach, dass unsere Schnapsideen wirklich funktionierten. Auch diejenigen, die bei Rezeptnamen wie etwa »Rum-

Spinat«, »Mint-Absinth-Erbsensuppe« oder »Cognac-Bohnen« recht deutlich ihren Unglauben, wenn nicht sogar ihren Widerwillen bekundet hatten, wurden bekehrt, als sie die fertigen Gerichte kosteten. Hochprozentiges, klug ausgewählt und richtig bemessen, kann vorhandene Geschmacksnuancen hervorheben oder neue hinzufügen.

Etwas schwerer war es, Besucher zu beruhigen, die angesichts der Flaschenbatterien in unserer Küche leichte Zweifel am Zustand unserer Leber hegten. Wer ein gutes Essen kochen will, braucht gute Zutaten. Es kam also für uns nicht infrage, kleine Fläschchen Billigschnaps in unserem Schnaps-Kochlabor einzusetzen. Wir kauften große Flaschen. Da wir es aber nicht mit Montaigne halten, der in seinem Essay *Über die Trunksucht* empfiehlt, keine Gelegenheit zum Trinken auszulassen, waren die Flaschen für uns wirklich nur Arbeitsmaterial und nach dem Kochen oft nur um wenige Gläschen leerer. Das Schwerste stand uns bei Abschluss dieses Buches aber noch bevor: die Finanzbeamten zu überzeugen, dass es korrekt ist, die mehreren Flaschen Whisky, Rum, Grappa, Ouzo, Aquavit, Himbeergeist, Obstler oder Brandy als Werbungskosten von der Steuererklärung abzusetzen.

Wie im Bierkochbuch sind auch die Rezepte in diesem Buch in der Regel für vier Personen ausgelegt. Wenn das, wie etwa bei Kuchen, abweicht, ist es angegeben. Die Spannbreite, wie viel vier Menschen tatsächlich essen, ist natürlich sehr groß. Und unter einer Prise Salz versteht auch jeder was anderes. Alle Mengenangaben haben wir nach bestem Wissen und Gewissen formuliert – und wurden dabei sicher auch von unserem eigenen aktuellen Appetit geleitet. Wenn also mal was übrig bleibt, weil's einfach so viel war, können wir dafür keine Haftung übernehmen. Wenn aber restlos aufgegessen wird, wenn es sogar noch etwas mehr hätte sein dürfen, weil es gar so gut geschmeckt hat, dann ist das wieder ganz im Sinne der Autoren.

Barbara Dicker und Hans Kurz

Hinweis: Alkohol

»Alkohol? Der verkocht doch!«, hört man häufig. Das stimmt jedoch nur bedingt. Zwar hat Trinkalkohol (Ethanol) einen Siedepunkt von 78 °C – also weit niedriger als Wasser –, wie viel sich beim Kochen aber wirklich verflüchtigt, hängt sehr stark von der Dauer ab. Bei einer Sauce, die bei offenem Topfdeckel reduziert wird, verdunstet fast der ganze Alkohol, und zurück bleibt nur der – in diesem Fall erwünschte – konzentrierte Geschmack. Schon bei einer Suppe, die langsam unter geschlossenem Deckel vor sich hin köchelt, sieht es anders aus. Auch beim Backen oder in Teigwaren bleibt mehr drin, als gemeinhin gedacht.
Amerikanische Forscher haben mal genau nachgemessen und sind unter anderem zu folgenden Ergebnissen gekommen: Beim Backen oder Köcheln waren nach einer Viertelstunde noch 40 % des Alkohols im Essen, nach einer halben Stunde waren es 35 %, nach einer Stunde 25 % und nach zwei Stunden immer noch 10 %. Wenn ein alkoholisches Getränk erst am Ende des Kochvorgangs in eine Suppe oder Sauce gegeben wird, bleiben sogar 85 % des Alkohols erhalten.*
Nun wird Schnaps aber in den allermeisten unserer Rezepte nur in sehr geringen Mengen verwendet. Von einem Doppeltem, von dem auch noch die Hälfte verdunstet, bleibt verteilt auf vier Portionen also nicht mehr sehr viel Alkohol im Essen. Anders schaut es jedoch bei Kaltspeisen aus. Wer für Kinder oder Menschen mit Alkoholunverträglichkeit kocht, sollte sehr vorsichtig sein. Und wenn trockene Alkoholiker mit am Tisch sitzen, dann gilt auf alle Fälle: ohne Alkohol!

*J. Augustin, E. Augustin, R. L. Cutrufelli, S. R. Hagen, C. Teitzel: *Alcohol Retention in Food Preparation*, in: *Journal of the American Dietetic Association*, 1992, S. 486–488.

Vorspeisen und Kleinigkeiten

Russische Rillettes

Wir haben diesen Brotaufstrich vor vielen Jahren in Helsinki gegessen, in einem russischen Restaurant. Als wir ihn selbst ausprobierten, verwendeten wir finnischen Koskenkorva-Wodka.

Für 4 Personen:

250 g TK-Lachsfilet
200 g Räucherlachs
30 g Butter
1 TL Wodka
2 EL Crème fraîche
2 EL Naturjoghurt
1 TL Meerrettich (frisch gerieben oder aus dem Glas)
Salz, Pfeffer

Das Lachsfilet auftauen lassen, abwaschen und mit Küchenkrepp abtupfen. Eine tiefe Pfanne bis zur Hälfte mit Wasser füllen und das Wasser erwärmen. Das Lachsfilet hineingeben und etwa 10 Minuten pochieren. Achtung: Das Wasser darf nicht kochen!
Den Lachs, wenn er gar ist, aus dem Wasser nehmen und abtropfen lassen. Mit einer Gabel grob zerdrücken. Den Räucherlachs klein schneiden und mit dem gekochten Lachs vermischen.
Die Butter in einer Pfanne erhitzen, das Lachsgemisch dazugeben und alles verrühren. Dann den Wodka unterrühren und die Pfanne vom Herd nehmen.
Alles in eine Schüssel geben und mit der Crème fraîche, dem Joghurt und dem Meerrettich verrühren. Mit Salz und Pfeffer würzen.

Schmeckt besonders gut auf Roggenbrot.

Tipp: Pochieren ist eine besonders sanfte Garmethode, die sich vor allem für Fisch eignet. Dabei wird das Gargut in heißem Wasser, das nicht kochen darf, zubereitet. Das Wort leitet sich aus dem Französischen ab und wird »poschieren« gesprochen.

Griebenschmalz

Der Brotaufstrich mit dem doppelten Apfel-Aroma.

Für 4 Personen:

- 300 g Flomen (weiches Bauchfett vom Schwein)
- 200 g Rückenspeck (ohne Schwarte)
- 1 Zwiebel
- 1 kleiner säuerlicher Apfel
- 2 cl Apfelbrand
- 1 TL Majoran
- Salz, Pfeffer

Flomen und Speck würfeln und in einem Topf bei mittlerer Hitze langsam auslassen, ab und zu umrühren. Zwiebel fein würfeln. Apfel vierteln, schälen, Kerngehäuse ausschneiden und in dünne Scheiben schneiden. Wenn das Fett ganz zerlassen ist, die Zwiebel und den Apfel dazugeben und mitköcheln lassen, bis die Zwiebel leicht braun wird. Den Apfelbrand dazu und nach Belieben mit Majoran, Salz und Pfeffer abschmecken.
Die noch warme, flüssige Masse in verschließbare Gläser oder Steinguttöpfe füllen. Das Griebenschmalz hält sich im Kühlschrank mehrere Tage.

Tipp: Der Flomen muss in der Regel beim Metzger vorbestellt werden.

Schmalzbrot

Apfel macht sich immer gut im Griebenschmalz.

Griebenschmalz entweder selbst machen (s. Rezept S. 13) oder fertig beim Metzger des Vertrauens kaufen. Das gekaufte Schmalz vorsichtig erwärmen, damit es etwas flüssig wird, dann den Obstbrand einrühren. Im Kühlschrank wieder fest werden lassen. Dann die Brote damit bestreichen.

Für 4 Personen:

100 g Griebenschmalz
2 cl Apfelbrand oder Obstler
4 Scheiben kräftiges Bauernbrot

Obazda

Bei der bayerischen Biergarten-Spezialität ist Bier in vielen Rezepten ein fester Bestandteil. Wir nehmen etwas weniger Flüssigkeit, dafür aber in konzentrierter Form.

Den Camembert in Stücke schneiden und mit einer Gabel zerdrücken. Die Zwiebel fein hacken und dazugeben. Mit weicher Butter, Frischkäse, Bierschnaps, Salz, Pfeffer, Paprikapulver und Kümmel gut vermischen. Etwa 1 Stunde im Kühlschrank ziehen lassen.

Dazu ein rustikales Bauernbrot.

Für 4 Personen:

250 g reifer Camembert
1 Zwiebel
1 EL Butter
150 g Frischkäse
1 EL Bierschnaps
Salz, Pfeffer
1 TL Paprikapulver (edelsüß)
1 TL Kümmel

Tipp: Wer keinen Bierschnaps hat, kann Kümmelschnaps nehmen und sich so die Kümmelkörner sparen.

»Der Mensch lebt nicht vom Brot allein. Nach einer Weile braucht er auch einen Drink.«

Woody Allen

Leber-ohne-Leber-wurst

Schmeckt wie Leberwurst, sieht so aus, ist aber viel kalorienärmer und macht fleischlos glücklich. Wir haben das Rezept von Barbaras Yoga-Lehrerin Birgit allerdings ein bisschen alkoholisiert.

Für 4 Personen:

- **1 Zwiebel**
- **30 g Butter**
- **125 ml Gemüsebrühe**
- **4 cl Kümmelschnaps**
- **2 TL getrockneter Majoran**
- **1 Würfel Hefe**
- **3–4 EL Semmelbrösel**
- **evtl. Salz**

Die Zwiebel schälen und fein hacken. Die Butter in einem kleinen Topf zerlassen und die Zwiebel darin glasig andünsten. Mit der Brühe und dem Schnaps aufgießen. Den Majoran dazugeben.

Die Hefe bröckchenweise hinzufügen. Alles unter ständigem Rühren zum Kochen bringen. Dann die Semmelbrösel einrühren und noch einmal aufkochen lassen. Von der Hitze nehmen und bei Bedarf mit Salz abschmecken. In kleine Schalen füllen und abkühlen lassen. Im Kühlschrank hält die vegetarische Leberwurst 4–5 Tage.

F(r)ischkäse-Brötchen

Als Räucherlachs noch eine seltene und teure Delikatesse war, durfte der rot gefärbte Lachsersatz auf keinem Partybrötchen fehlen. Wir verhelfen ihm mit Hochprozentigem und etwas Frischkäse zu neuen Ehren.

Für 6 belegte Brötchen:

- 150 g Lachsersatz (Alaska-Seelachs-Filets in Öl)
- 1 Schalotte
- 100 g Frischkäse (Doppelrahmstufe)
- 2 cl Aquavit
- 3 Brötchen

Lachsersatz im Sieb gut abtropfen lassen. Die Schalotte sehr fein schneiden, mit Frischkäse und Aquavit vermischen. Die Brötchen halbieren und mit der Käsemischung bestreichen. Den Lachsersatz darauf verteilen und in den Käse drücken.

Russische Eier

Noch ein Partyklassiker der 60er-Jahre in neuer Frische.

Für 4 Personen:

- 4 Eier
- 1–2 TL Senf (mittelscharf)
- 1 TL Mayonnaise
- 1–2 TL Wodka
- 6–8 Blätter frischer Estragon oder Kerbel
- Salz, Pfeffer
- 50 g Kaviarersatz (z. B. Forellenkaviar oder »Deutscher Kaviar« aus Seehasen-Rogen)

Die Eier hart kochen, danach schälen, halbieren und das Eigelb mit einem Löffel herausnehmen. In einer Schüssel die Eigelbe mit Senf, Mayonnaise, Wodka und den kleingeschnittenen Kräutern gut vermischen, mit Salz und Pfeffer abschmecken. Die Masse in die Eiweißhälften füllen und den falschen Kaviar daraufgeben.

Tipp: Mit der Mayonnaise nach dem Rezept auf S. 32 spart man sich das Schnapseinrühren. Man braucht dann allerdings 2 Teelöffel Mayo.

Dreierlei Käse mit Kirsch

Okay, Leberkäse ist gar kein Käse (und Leber ist eigentlich auch nicht drin) – aber mit Emmentaler und Gouda macht er sich als Dreigespann ganz gut im Kirschwasserbad.

Leberkäse und Käse in etwa 1 cm große Würfel schneiden. Paprika dazu passend schneiden.
Die Gewürzgurke würfeln und mit dem Öl und Kirschwasser fein pürieren. Dabei so viel vom Gurkenwasser zugeben, dass ein schönes flüssiges Salatdressing entsteht. Mit Zucker, Salz und Pfeffer abschmecken und mit dem Salat gut vermengen.

Für 4 Personen:

200 g Leberkäse
200 g Emmentaler
200 g Gouda
1 grüne Paprika
1 rote Paprika
1 große Gewürzgurke
1 EL Sonnenblumenöl
2 cl Kirschwasser
Gurkenwasser
Zucker, Salz, Pfeffer

Feuriger Wurstsalat

Dieser besonders pikanten Variante verleiht das Zwetschgenwasser fast schon eine milde Note.

Die Würste in 2–3 cm lange Stücke schneiden und den Bergkäse würfeln. Die Paprika vierteln, entkernen und in 2 cm breite Stücke schneiden. Die Zwiebel fein würfeln.
Den Meerrettich (am besten frisch gerieben) mit Schnaps und Essig vermischen. Dann den Senf und schließlich das Öl einrühren. Bei Bedarf – die Würste und der Käse sind meist schon sehr salzig – mit Salz abschmecken. Wurst, Käse und Paprika damit übergießen, gut vermischen und etwa 1 Stunde ziehen lassen.

Tipp: Viel Brot bereitstellen. Das löscht den möglichen Brand im Mund am besten.

Für 4 Personen:

300 g Debreciner oder Cabanossi
200 g Bergkäse
1 kleine scharfe rote Paprika
1 Zwiebel
2 TL Meerrettich
2 cl Zwetschgenwasser
150 ml Apfelessig
1 TL scharfer Senf
50 ml Sonnenblumenöl
evtl. Salz

Fleischsalat

Metzgermeister Erich Kolb aus Seibelsdorf im Frankenwald hat uns netterweise sein Hausrezept zur Verfügung gestellt: 25 kg Wurst, 20 kg Mayo, 15 kg Gurken ... Wir haben es auf Haushaltsgröße umgerechnet. Und das letzte Geheimnis des Meisters verraten wir natürlich auch nicht. Wir haben die Zutat vielmehr durch unsere Geheimwaffe ersetzt: einen Schuss Wodka. Macht den Fleischsalat als Beilage ideal zu Russischen Eiern.

»Wodka macht aus allen Menschen Russen.«
Ivan Rebroff

Die Fleischwurst in dünne, 3–4 cm lange Streifen schneiden. Die Gurken – je nach Größe – längs halbieren oder vierteln und in dünne Scheiben schneiden. Die Mayonnaise mit dem Wodka verrühren und mit Wurst und Gurken vermischen. Mit Zucker nach Belieben abschmecken.

Für 4 Personen:

200 g Fleischwurst
120 g Gewürzgurken
120 g Mayonnaise
1 cl Wodka
1 Prise Zucker

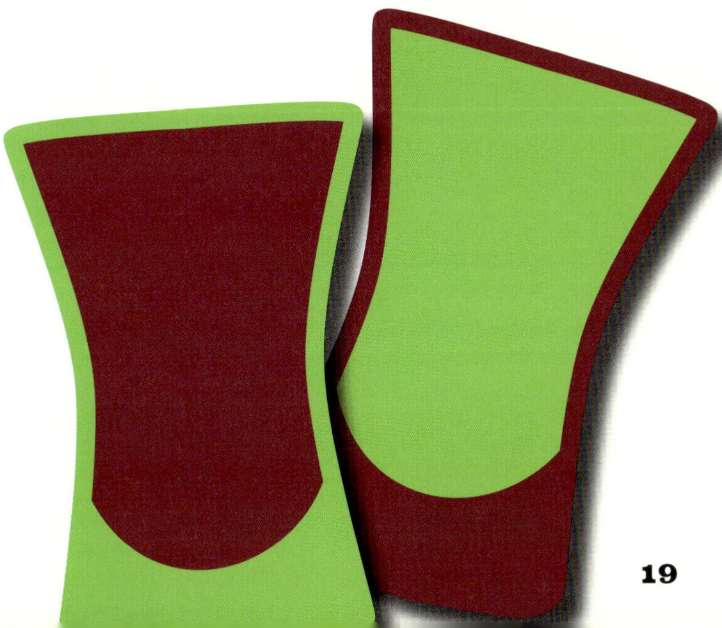

Grabba-Cocktail

Für Krabbencocktail wird in einigen Rezepten auch Cognac empfohlen. Wir frischen den Klassiker nicht nur mit Grappa auf.

Gewaschene und gut abgetropfte Salatblätter auf kleine Teller (oder in Cocktailschalen) auslegen. Krabbenfleisch darauf verteilen. Apfel schälen, vierteln, Kerngehäuse entfernen und in kleine Würfel schneiden. Schalotte sehr fein schneiden. Apfel und Schalotte zu den Krabben streuen. Aus den restlichen Zutaten das Dressing anrühren, zum Schluss mit Tabasco, Salz und Zucker abschmecken. Dressing über die Krabben geben.

Für 4 Personen:

4–8 Salatblätter
300 g Nordseekrabben (gegart)
1 Apfel
1 Schalotte
6 EL Mayonnaise
3 EL Tomatenketchup
1 EL Apfelsaft
2 EL Grappa
1 TL Zitronensaft
1 TL Meerrettich
Tabasco, Salz, Zucker

Auber-Gin Tonnato

Ein Klassiker der italienischen Küche ist Vitello Tonnato, in Weißwein gekochtes Kalbfleisch mit Thunfischsauce. Wir variieren es ohne Fleisch mit Schuss.

Die Auberginen waschen, putzen und längs in etwa ½ cm dicke Scheiben schneiden. Mit der Hälfte des Öls auf beiden Seiten bestreichen. In einer Grillpfanne oder unter dem Backofengrill auf beiden Seiten etwa 4–5 Minuten braten. Auf einen flachen Teller oder eine Platte legen, salzen und reichlich pfeffern.
Den Thunfisch mit dem Öl aus der Dose, dem Gin, 1 Esslöffel Kapern und dem restlichen Olivenöl mit dem Stabmixer pürieren. Eventuell mit Salz und Pfeffer abschmecken. Die Thunfischsauce über die Auberginen verteilen.
Die Zitrone längs in Spalten schneiden. Zusammen mit den restlichen Kapern als Garnitur auf die Auberginen geben.

Dazu ein Ciabatta.

Für 4 Personen:

2 Auberginen
8 EL Olivenöl
Salz, Pfeffer
1 Dose Thunfisch in Öl
4 cl Gin
2 EL Kapern
1 unbehandelte Zitrone

Ziegen-Willy

Mal was anderes als die klassische Kombination Birne-Gorgonzola zur Vorspeise.

Für 4 Personen:

Für die Birnen:
2 Birnen
50 ml Williams Christ
250 ml Weißwein
½ Zitrone
30 g Zucker
2 Zweige Thymian

Für die Füllung:
60 g Walnusskerne
50 g Zucchini
½ TL Puderzucker
20 g Honig
150 g Ziegenfrischkäse
1 Schuss Williams Christ

Die Birnen halbieren und das Kerngehäuse herausschneiden. Williams Christ und Weißwein in einen Topf gießen. Die halbe Zitrone auspressen und den Saft ebenfalls in den Topf geben. Zucker und Thymian dazu und alles aufkochen lassen. Die Birnenhälften in den Sud legen und 5 Minuten köcheln lassen.
Dann die Birnen aus dem Sud heben und in einem Sieb abtropfen lassen.
Die Walnusskerne fein hacken. Die Zucchini in kleine Würfel schneiden. Den Puderzucker in einer Pfanne erhitzen und die Zucchiniwürfel darin anbraten. Die Nüsse und den Honig unterrühren und alles sofort in einer Schüssel mit dem Ziegenfrischkäse und dem Schuss Williams Christ verrühren.
Die Füllung in die Birnenhälften verteilen. Die gefüllten Hälften im auf 140 °C vorgeheizten Backofen etwa 5 Minuten backen.

Gegrillte Auberginen mit Brandy-Bohnen

Wir haben es auch mit Metaxa getestet, aber ein spanischer Brandy machte sich dann doch besser. Passt trotzdem zu einer griechischen Vorspeisenplatte. Und geht erst recht als spanische Tapa durch.

Bohnen nach Packungsanleitung einweichen (am Vortag) und dann kochen (ohne Salz).
Aubergine in fingerdicke Scheiben schneiden. Scheiben auf ein sauberes Küchentuch legen und salzen. Nach 20–30 Minuten das ausgetretene Wasser mit Küchenkrepp kräftig abtupfen, Scheiben wenden und wieder salzen. Nach 20–30 Minuten wieder trocken tupfen. Auberginenscheiben auf ein Backofengitter legen. Backofen auf 220 °C vorheizen.
Zwiebel und Knoblauch fein schneiden und in Olivenöl anbraten. Wenn sie glasig sind, mit dem Brandy ablöschen und die passierten Tomaten aufgießen. Oregano und Paprikapulver dazu, gut durchrühren, 15–20 Minuten köcheln lassen. Auberginen auf der mittleren Schiene in den Ofen schieben. Je nach Herd und Einstellung (evtl. Grill) sind sie nach 10–15 Minuten fertig.
Bohnen in die Tomaten-Brandy-Sauce geben. Auberginen in Stücke schneiden und ebenfalls in der Sauce noch etwa 5 Minuten mitköcheln lassen.

Für 4 Personen:

250 g große weiße Bohnen (Gigantes), getrocknet
1 Aubergine
Salz
1 Zwiebel
3–4 Knoblauchzehen
Olivenöl
3 cl Brandy
200 g passierte Tomaten
2 TL Oregano
2 TL Paprikapulver (scharf)

Tipp: Für Kurzentschlossene dürfen es natürlich auch Bohnen aus der Dose sein, dann etwa 400 g. Und die Auberginen sind auf einem echten Grill zubereitet selbstverständlich noch leckerer.

Schwarzwälder Kirsch-Toast

Ein paar Tropfen entfalten das ganze Aroma.

Für 4 Personen:

8 Scheiben Toastbrot
4 Scheiben Schwarzwälder Schinken
4 Scheiben Emmentaler
2 cl Kirschwasser

4 Toastscheiben mit Schinken belegen. Je ¼ des Kirschwassers auf den Schinken träufeln, Käse und zweite Toastscheibe darüber. 3 Minuten in den auf 220 °C vorgeheizten Backofen geben, bis der Käse leicht zerläuft.

Parmesan-Waffeln

Statt Pizza oder Ciabatta können sie auch zum mediterranen Salat gereicht werden.

Für 4 Personen:

200 g Mehl
100 g frisch geriebener Parmesan
1 TL Backpulver
2 TL getrockneter Oregano
Salz
4 Eier (Größe M)
2 cl Weinbrand (z. B. Vecchia Romagna)
250 ml Milch
5 EL Öl

Mehl, geriebenen Parmesan, Backpulver, Oregano und Salz in einer Schüssel mischen. Eier, Weinbrand und Milch dazugeben. Alles mit dem Handrührgerät auf mittlerer Stufe verrühren. Der Teig soll gebunden, aber noch leicht flüssig sein.
Das Waffeleisen mit Öl fetten. Den Teig portionsweise einfüllen und backen.

Dazu passt Rucola-Tomatensalat.

Angeheiterte Gorgonzolabeutel

Der Korn hebt bei diesen pikanten Windbeuteln das Käse-Aroma.

Für 4 Personen:

Für den Brandteig:
200 ml Wasser
50 ml Korn
70 g Butter
1 TL Salz
150 g Weizenmehl
4 Eier

reichlich Öl zum Frittieren

Für die Füllung:
100 g Frischkäse
100 g Gorgonzola
2 EL süße Sahne
1 TL Korn
Pfeffer

Für den Teig das Wasser und den Korn in einen Topf gießen. Die Butter und das Salz dazugeben und alles zum Kochen bringen. Den Topf von der Platte nehmen und das gesiebte Mehl hineingeben. Das Mehl zu einem Kloß verrühren. Den Topf wieder auf die Platte stellen und unter Rühren den Mehlkloß etwa 1 Minute erhitzen. Dann den heißen Kloß in eine Rührschüssel geben. Die Eier nach und nach mit den Knethaken des Handrührers auf höchster Stufe einarbeiten. Den Teig abkühlen lassen.
Das Öl erhitzen. Mit zwei Esslöffeln vom Teig walnussgroße Häufchen formen und sofort in das Öl geben. Etwa 5 Minuten frittieren, bis sich das Volumen der Windbeutel vergrößert hat. Dann mit einer Schaumkelle herausheben und auf Küchenpapier abtropfen lassen.
Für die Füllung alle Zutaten (den Käse vorher zerbröckeln) in eine Schüssel geben und mit dem Pürierstab verrühren. Die Windbeutel einschneiden und mit der Käsecreme füllen.

Tipp: Da Gorgonzola ziemlich pikant ist, kommt die Käsecreme ohne zusätzliche Salzgaben aus.

Wacholderschinken in Blätterteig

Es muss kein Wacholderschinken sein. Das Aroma kommt hier vom Schnaps. Der muss auch nicht unbedingt ein Schinkenhäger sein – ein anderer Steinhäger oder Gin entfalten die gleiche Wirkung.

Für 12 Schinkenröllchen:

450 g TK-Blätterteig
2–3 Schalotten
100 g Gouda
1 Ei
2 cl Wacholderschnaps
Pfeffer
12 dünne Scheiben gekochter Schinken

Den Blätterteig antauen lassen und in 12 gleich große Platten teilen. Die einzelnen Platten zu etwa 10 x 20 cm großen Rechtecken ausrollen. Die Schalotten sehr fein würfeln und den Gouda reiben. Das Ei trennen. Das Eigelb mit dem Schnaps verrühren und mit den Schalotten und dem Käse vermengen. Mit Pfeffer abschmecken. Die Blätterteigscheiben damit bestreichen, dabei einen etwa 2 cm breiten Rand lassen. Den Schinken darauflegen und den Teig aufrollen. Die offenen Seiten mit Eiweiß verkleben und zusammendrücken. Im vorgeheizten Ofen bei 200–220 °C etwa 15 Minuten backen.

Schmeckt warm und kalt.

Frühlingsrollen

Bei der Füllung sind der Kreativität kaum Grenzen gesetzt. Wir haben uns für eine vegetarische Variante entschieden. Uns schmecken sie aber auch mit Hackfleisch oder Krabben. Weil's jedoch auf alle Fälle asiatisch angehaucht sein sollte, muss unbedingt auch ein asiatischer Schnaps mit ran.

Für 20-30 Rollen:

100 g Glasnudeln
150 g Sojasprossen
200 g Tofu
1 Bund Frühlingszwiebeln
1 rote Chilischote
2 EL Sesamöl (hell)
2-3 EL Sojasauce
2-4 cl Reisschnaps (Baijiu)
1-2 TL Mehl
20-30 Reisteigplatten

Die Glasnudeln in kaltem Wasser einweichen. Die Sojasprossen gut abwaschen und abtropfen lassen. Den Tofu sehr fein würfeln. Die Frühlingszwiebeln und die Chilischote in dünne Ringe schneiden.
Die Glasnudeln abgießen und gut abtropfen lassen, mit einer Schere in 3-5 cm lange Stücke schneiden, die Sojasprossen evtl. ebenfalls klein schneiden. Beides zusammen mit dem Tofu in eine Schüssel geben.
Frühlingszwiebeln und Chili im Sesamöl leicht anbraten. Mit Sojasauce und Reisschnaps ablöschen. Die Sauce mit etwas Mehl abbinden und über die Füllung geben. Alles gut vermischen.
Die Füllung auf die - nach Packungsanleitung - vorbereiteten Teigplatten verteilen. Pro Platte werden 1-2 gehäufte Esslöffel Füllung benötigt. Die Platten einmal einschlagen, dann die Seitenteile einklappen und schließlich aufrollen.
Frittieren oder in reichlich (Sesam-)Öl goldbraun braten.

Tipp: Mit einem verquirlten Ei bestrichen lassen sich die Rollen leichter zukleben. Und wenn man sie vor dem Braten noch tiefkühlt, zerreißen sie nicht so leicht.

Dips und Saucen

Anjas Agaven-Avocado

Nichte Anja hat es sich nicht nehmen lassen und auch für das Schnapskochbuch in ihrer Studentenküche experimentiert. Wir finden, der Tequila passt perfekt zur mexikanischen Guacamole.

Für 4 Personen:

1 Tomate
1 Knoblauchzehe
1 Jalapeño (eingelegt)
2 reife Avocados
½ Limette
2 cl Tequila
Salz

Tomate häuten und würfeln. Knoblauch und Jalapeño fein schneiden. Avocados schälen, entkernen, mit einer Gabel zerdrücken und mit dem Saft der Limette und dem Tequila beträufeln. Gut mit Tomate, Knoblauch und Jalapeño vermischen. Mit Salz abschmecken.

Raki-Dip

Ist dem Zaziki sehr ähnlich, hat aber weniger Geruchsnachwirkungen.

Für 4 Personen:

½ Salatgurke
Salz
300 ml türkischer oder Rahmjoghurt
3 Stängel frische Minze
1 TL Raki
Pfeffer

Die Gurke schälen und grob raspeln. In ein Sieb geben und salzen. Mindestens 30 Minuten abtropfen lassen, damit der Dip nicht zu wässrig wird.
Die geraspelte Gurke im Sieb nochmals ausdrücken. Das Gurkenwasser wegschütten, die Gurke in einer Schüssel mit dem Joghurt vermischen. Die Blätter von den Minzstängeln zupfen, fein hacken und dazugeben. Dann den Raki dazu und etwas pfeffern. Alles gut vermischen.

Passt besonders gut zu gegrilltem oder gebratenem Fleisch oder Fisch.

Humm-ouzo

Das widmen wir unserer griechischen Freundin Elektra, in Erinnerung an die Tage an der Uni, als wir den Ouzo einfach pur tranken und trotzdem am nächsten Morgen pünktlich im Sprachlabor eintrafen.

Die Kichererbsen abtropfen lassen. Das Abtropfwasser aufheben. Den Knoblauch schälen und grob schneiden.
Beides mit der Sesampaste, dem Zitronensaft, dem Ouzo und dem Olivenöl pürieren. Dabei so viel von der Abtropfflüssigkeit dazugeben, dass das Püree eine cremige Konsistenz erhält. Mit Salz und Pfeffer abschmecken.

Passt zu Hackfleischbällchen oder einfach als Dip zu rohem Gemüse.

Für 4 Personen:

- 400 g Kichererbsen aus der Dose
- 2 Knoblauchzehen
- 1 EL helle Sesampaste (Tahine, gibt's im Reformhaus)
- 1 EL Zitronensaft
- 1 EL Ouzo
- 1 EL Olivenöl
- Salz, Pfeffer

Dijonaise au Cognac

Eigentlich kann uns Senf gar nicht scharf genug sein. Für diesen Dip ist aber der leicht süße Dijon-Senf ideal. Er ist die solide Basis für den Schuss Cognac.

Die Mayonnaise mit der Crème fraîche, dem Cognac und dem Senf verrühren. Mit dem Dill garnieren.

Passt zu gegrilltem oder kurz gebratenem Fleisch und zu Schalentieren.

Für 4 Personen:

- 200 ml Mayonnaise
- 2 EL Crème fraîche
- 1 TL Cognac
- 1 EL Dijon-Senf
- Dill zum Garnieren

Mayonnaise

Gin macht sich gut darin. Aber je nachdem, wozu die Mayo gegessen wird, sind der Experimentierfreude keine Grenzen gesetzt.

Ganz wichtig ist, dass das Ei sehr frisch ist, um die Salmonellengefahr weitgehend auszuschließen!

Das Ei aufschlagen und trennen. Das Eigelb in eine Schüssel geben. Den Senf mit dem Eigelb gut verrühren. Dann das Öl anfangs nur tröpfchenweise einrühren, damit eine glatte Emulsion entsteht. Nach etwa der Hälfte kann das Öl dann in einem dünnen Strahl zugegeben werden. Wenn eine glatte, dicke Creme entstanden ist, den Schnaps einrühren und mit Salz, Pfeffer und Zucker abschmecken.

Für etwa 200 g:

1 frisches Ei
1 TL Senf
150 ml Olivenöl
2 cl Gin
1 Prise Salz
1 Prise weißer Pfeffer
1 Prise Zucker

Tipps: Wenn die Masse durch zu rasche Ölzugabe ausflockt, einfach noch mal Eigelb und Senf anrühren und in die vorhandene Masse ganz langsam einrühren.
Am besten gelingt die Mayonnaise, wenn alle Zutaten die gleiche Temperatur haben.

Pastis-Butter

Schmeckt uns am besten zu gegrillten Scampi, macht sich aber auch auf getoastetem Brot gut.

Die weiche Butter und den Pastis mit einer Gabel vermischen. Mit Salz und Pfeffer abschmecken.

Für etwa 125 g:

125 g Butter
2 TL Pastis
Salz, Pfeffer

Tipp: Die Pastis-Butter kann auch mit fein gehackten Kräutern farblich aufgepeppt werden. Estragon rundet das Anis-Aroma besonders gut ab.

Apfelkren

Das Meerrettich-Mekka ist das mittelfränkische Baiersdorf. »Kren« wird er dort genannt, und in der Nähe gibt es viele Streuobstwiesen. Was liegt näher, als ...

Ein Teelöffel Schnaps zum Meerrettich, gut durchrühren – fertig.

Passt hervorragend zu Bratwürsten, geräuchertem Fisch und Tafelspitz.

Für etwa 100 g

1 TL Apfelbrand oder Obstler
100 g Meerrettich

Bayerwald-Bärenpesto

Der würzige Bärlauch verträgt sich gut mit dem kräftigen Bärwurz aus dem Bayerischen Wald. Ein Pesto, das es in sich hat.

Für etwa 400 g:

40 g gehackte Walnüsse
40 g harter Bergkäse
150 g frischer Bärlauch
150 ml Sonnenblumenöl (kalt gepresst)
2 cl Bärwurz

Walnüsse hacken, Bergkäse reiben. Bärlauch grob zerpflücken. Bärlauch und Walnüsse mit Sonnenblumenöl und Bärwurz übergießen und noch einmal grob mit dem Stabmixer pürieren. Den geriebenen Bergkäse untermischen. Salz dürfte wegen des Käses nicht mehr nötig sein.
Das Öl sollte alles bedecken, dann hält sich das Pesto einige Tage im Kühlschrank.

Grappa-Pesto

Lässt sich auf Vorrat herstellen.

Für etwa 400 g:

60 g Pinienkerne
2 Knoblauchzehen
120 g frisches Basilikum
150 ml Olivenöl
2 cl Grappa
40 g Parmesan
Salz

Pinienkerne ohne Fett bei geringer Hitze unter ständigem Rühren anrösten. Sobald sie goldbraun sind, aus der Pfanne nehmen und abkühlen lassen.
Knoblauch schälen und grob zerteilen. Basilikum grob zerpflücken. Pinienkerne und Basilikum mit Olivenöl und Grappa übergießen und alles nicht zu fein pürieren. Zum Schluss den frisch geriebenen Parmesan unterrühren und bei Bedarf mit Salz abschmecken.

Tipp: Bei angebrochenen Gläsern so viel Olivenöl zugeben, dass alles bedeckt ist. Trotzdem innerhalb weniger Tage aufbrauchen.

»Ich hätte niemals von Scotch auf Martinis wechseln sollen.«
Humphrey Bogarts letzte Worte

Bourbon Barbecue

Eine schnelle und einfache American-Style-Grillsauce.

Whiskey mit Ketchup und Öl gut vermischen. Schalotten sehr fein schneiden und untermischen. Nach Belieben mit einigen Spritzern Tabasco verschärfen.

Für 6–8 Portionen:

50 ml Bourbon Whiskey
250 ml Ketchup
1 EL Olivenöl
2–3 Schalotten
Tabasco

Whisk(e)y-Rotwein-Sauce

Für schottisch-irisch-amerikanische Grillfeste mit Whisky oder Whiskey.

Zwiebel fein schneiden und in Butter anbraten. Tomatenmark mit anschwitzen. Mit Whisk(e)y und Wein ablöschen. Flüssigkeit etwa um die Hälfte reduzieren (einkochen). Dann den Fond zugeben. Mit Salz, Pfeffer und Kräutern abschmecken. Noch etwa 15–20 Minuten köcheln lassen.
Passt zu kräftigem kurz gebratenen oder gegrillten Fleisch.

Für 6–8 Portionen:

1–2 Zwiebeln
20–30 g Butter
2 EL Tomatenmark
4 cl Whisk(e)y
200 ml Rotwein
250 ml Fond
Salz, Pfeffer
Kräuter (z. B. Thymian, Oregano oder Salbei)

Tipp: Je nachdem, ob man Rind, Wild oder Geflügel zubereitet, wählt man den entsprechenden Fond.

Sauce Chien

Wie die »Hundesauce« der französischen Antillen zu ihrem Namen kam, ist nicht überliefert. Sie passt jedenfalls hervorragend zu gegrilltem Fisch oder Fleisch - vielleicht schmeckt ja sogar Hund damit. Die Limetten legten das alkoholische Extra nahe: Daiquiri und Caipirinha lassen grüßen.

Frühlingszwiebeln, Knoblauch und Petersilie sehr fein hacken. Chili entkernen und klein schneiden. Alles zusammen in einer feuerfesten Schüssel mit dem Öl, dem Saft der Limetten, dem Rum und 1 Prise Salz vermischen. Mit kochend heißem Wasser übergießen, bis alles gut bedeckt ist. Schüssel zudecken, abkühlen lassen und dann - am besten über Nacht, zumindest aber für einige Stunden - in den Kühlschrank stellen. Kalt zu Gegrilltem servieren.

Für 6–8 Portionen:

1 Bund Frühlingszwiebeln
5 Knoblauchzehen
3 Stängel Petersilie
1 grüne Chilischote
3 EL Olivenöl
4 Limetten
1 EL weißer Rum oder Cachaça
1 Prise Salz

Salate

Ouzorangen-Salat

Ein Wintersalat, der wunderbar nach Sommer schmeckt.

Das dicke Ende der Knoblauchzehe abschneiden. Die Zehe am spitzen Ende fassen und mit dem Anschnitt eine Salatschüssel ausreiben.
Die Orangen schälen und über einem Teller in Scheiben schneiden, um den Saft zu sammeln.
Die Scheiben in den Saft legen und mit dem Ouzo beträufeln.
Das Olivenöl mit dem Salz und dem Pfeffer in ein kleines Schraubglas geben und mit dem Deckel verschließen. Danach alles durch Schütteln gut vermischen. Die Ouzo-Orangen mitsamt dem Saft in die Schüssel füllen und das Öldressing darüber verteilen.
Den Chicorée zerpflücken, den bitteren Strunk entfernen. Den Fenchel waschen, den festen Strunk ausschneiden. Danach den Fenchel in dünne Ringe schneiden. Die Zwiebel schälen und ebenfalls in dünne Ringe schneiden.
Alles unter die Orangen heben und vorsichtig mischen.

Für 4 Personen:

1 Knoblauchzehe
3 Orangen
2 cl Ouzo
3 EL Olivenöl
Salz, Pfeffer
2 Chicorée
1 Fenchelknolle
1 rote Zwiebel

Tipp: Salatdressings lassen sich spritzfrei in Schraubgläsern mischen. Einfach das nächste leere Marmeladenglas aufheben – natürlich ausgewaschen!

Rucola con Grappa

Nur ein Hauch Grappa, mehr braucht's nicht, um den Rucola-Salat noch italienischer zu machen.

Den Rucola waschen und trocken tupfen. Die Knoblauchzehe schälen und zerdrücken. Essig, Öl, Salz und Pfeffer in einer kleinen Schüssel oder einem Deckelglas vermischen.
Rucola und Knoblauch in eine Salatschüssel geben, das Dressing darübergießen und mit dem Salat vermischen. Den Parmesan in Späne hobeln oder sehr dünne Scheiben schneiden und über den Salat geben. Den Grappa über das Ganze träufeln oder mit dem Zerstäuber aufsprühen.

Für 4 Personen:

250 g Rucola
1 Knoblauchzehe
1 TL Balsamico-Essig
3 EL Olivenöl
Salz, Pfeffer
125 g Parmesan
1 TL Grappa

Obstler-Salat

Keine süße Nachspeise, sondern ein pikanter kleiner Vorspeisensalat mit dem gewissen Extra.

Radicchio- und Chicorée-Blätter abwechselnd auf Tellern drapieren. Mit 1 Prise Salz bestreuen. Gehackte Walnüsse darauf verteilen. Aus Olivenöl, Obstler und Honig das Dressing anrühren und möglichst gleichmäßig über den Salat gießen.

Für 4 Personen:

1 Radicchio (Rosso de Treviso)
1 Chicorée
1 Prise Salz
50 g Walnüsse (gehackt)
2–3 EL Olivenöl
1 EL Obstbrand
1 TL Honig

Tipp: Als Honig bietet sich Akazienhonig an, der hierzulande aus Robinienblüten gewonnen wird. Er bleibt sehr lange flüssig. Festerer Honig lässt sich im warmen Wasserbad verflüssigen.

Frohkost

Frokost heißt in Norwegen das Frühstück, in Dänemark ein deftiges zweites Frühstück oder Mittagessen. Wir empfehlen, unsere Frohkost frühestens mit den Dänen einzunehmen. Hier kommen Knollensellerie, Möhren, Äpfel, Orangen und Birnen zu einer vitaminreichen Partnerschaft zusammen. Letztere allerdings nur in ihrer vergeistigten Form.

Die Möhren und die Knollensellerie schälen. Den Apfel halbieren und das Kerngehäuse herausschneiden. Die Zwiebel schälen. Alles fein raspeln.
Die Orange auspressen. Den Saft mit dem Birnengeist, Sahne, Öl, Zucker, Salz und Pfeffer gut vermischen. Über die Rohkost gießen und unterheben.

»Jedes Land hat das Getränk, das seinem Wesen entspricht.«
Sir Robert Bruce Lockhart

Für 4 Personen:

- 200 g Möhren
- 200 g Knollensellerie
- 1 kleiner Apfel
- ½ Zwiebel
- 1 Orange
- 2 cl Birnengeist
- 1 EL Sahne
- 1 EL Walnussöl
- ½ TL brauner Zucker
- Salz, Pfeffer

Enzian-Pimpinelle-Krautsalat

»Trink Enzian, iss Bibernell, dann kommt der Doktor nicht so schnell.« Wir beherzigen das alte österreichische Hausrezept und Heilmittel, aber der Schnaps wird nicht getrunken. Und Kohl ist ja auch sehr gesund.

Für 4 Personen:

1 kleiner Weißkohl
5 Stängel Pimpinelle
100 ml Weißweinessig
50 ml Sonnenblumenöl
2 cl Enzian
1–2 TL Salz
2–3 TL Zucker

Den Kohl in einen verschließbaren Behälter raspeln – oder in sehr feine Streifen schneiden. Die Pimpinelle fein schneiden und zum Kraut geben.
Essig, Öl, Enzian, Salz und Zucker verrühren und über den Kohl gießen. Alles gut vermengen und kräftig stampfen, z. B. mit einem Kartoffelstampfer oder einer sauberen Flasche. Den Behälter fest verschließen und für 24 Stunden in den Kühlschrank stellen.

Tipp: Den Strunk vom Kohl nicht vorher entfernen, sondern darum herum raspeln. Das macht die Handhabung einfacher.

Feta-Salat

Mit einem Hauch von Ouzo.

Schafskäse würfeln und in eine Salatschüssel geben. Die Paprika waschen, putzen, ebenfalls in Würfel schneiden und dazugeben. Oliven und Oreganoblätter dazu. Bei Bedarf (kommt auf den Schafskäse an) leicht salzen. Mit Ouzo und Olivenöl übergießen und vorsichtig vermengen.

Für 4 Personen:

200 g Schafskäse
1 rote Paprika
100 g grüne Oliven (ohne Kern)
100 g schwarze Oliven (ohne Kern)
10–12 frische Oreganoblätter
evtl. Salz
2 cl Ouzo
2 EL Olivenöl

Garnelen-Salat mit Wodkadressing

Ein fruchtiger Sommersalat mit ein paar Prozenten.

Die Honigmelone halbieren, die Kerne entfernen und das Fruchtfleisch aus der Schale schneiden. ¾ in mundgerechte Stücke schneiden, ¼ mit dem Stabmixer pürieren. Den Dill waschen, trocken schütteln und fein hacken. Zusammen mit dem Senf und dem Honig unter das Melonenpüree rühren. Nach und nach Öl, Orangensaft und Wodka zugeben. Mit Salz und Pfeffer abschmecken.
Die Garnelen in ein Sieb geben, waschen und gut abtropfen lassen. Den Eisbergsalat waschen, trocken schleudern und zerpflücken. Zusammen mit den Melonenstücken und den Garnelen auf Tellern anrichten. Das Dressing darübergießen.

Für 4 Personen:

1 Honigmelone
4 Stängel Dill
1 TL Senf (mittelscharf)
1 TL Honig
6 EL Olivenöl
75 ml Orangensaft
4 cl Wodka
Salz, Pfeffer
200 g TK-Garnelen
1 Eisbergsalat

Kartoffel-Gurken-Obst-Salat

Schwaben geben oft Maggi in den Kartoffelsalat. Wir nehmen einen guten Bodensee-Obstler als Geschmacksverstärker.

Für 4 Personen:

800 g festkochende Kartoffeln
1 Zwiebel
3–4 EL Öl
2–3 EL Essig
2 cl Obstbrand
1 Salatgurke
Salz, Pfeffer

Kartoffeln mit Schale bissfest kochen – am besten schon am Vortag.
Die Kartoffeln schälen und in dünnen Scheiben in eine Salatschüssel schneiden. Die Zwiebel fein würfeln und ab zu den Kartoffeln. Öl, Essig und Obstler verrühren und darübergießen. Mit den Kartoffeln vermengen. Die Gurke schälen und in dünne Scheiben zu den Kartoffeln hobeln. Mit Salz und Pfeffer abschmecken. Gut vermischen und etwa ½ Stunde ziehen lassen.

Die perfekte Beilage beispielsweise zu einem Wiener Schnitzel – oder einfach Wiener Würstchen.

Besser gut trinken

Wenn es um Genuss geht, taugt Bay van der Bunt nicht als Vorbild. Der Niederländer, der von Großvater und Vater eine kostbare Sammlung mit mehr als 5000 historischen Spirituosen erbte, lässt keinen Tropfen Alkohol über seine Lippen. Ihn berauscht wohl eher der Geist der Geschichte, der in den Flaschen eingefangen ist. Manche seiner Cognacs wurden 1789 abgefüllt, dem Jahr, in dem Frankreichs Adelige wegen der Revolution wenig Zeit für Hochprozentiges hatten. Wer van der Bunts geistreiche Kollektion erstehen will, muss mindestens drei Millionen Euro hinblättern. Nun ist es ja durchaus angebracht, nicht den billigsten Fusel zu kaufen. Wer aber nicht sammeln, sondern genießen will, muss nicht ganz so tief in die Tasche greifen. Je nach Schnapssorte kann man für Summen im mittleren zweistelligen Bereich schon Trinkenswertes erstehen. Wer allerdings wirklich gute Qualität will, findet sie nicht unbedingt im Supermarktregal. Der Weg zum Brenner lohnt sich. Wenn der wie bei Whisky, Grappa oder Rum etwas weiter ausfallen würde, sollte man beim Fachhändler vorbeischauen. Bekannte Marken versprechen viel, halten das aber oft nicht. Also ruhig mal zu Neuem greifen und kleinen Brennern oder fremden Namen eine Chance geben. Ein einfacher Test zeigt über den persönlichen Geschmack hinaus, ob ein Schnaps Format hat: Einfach ein gefülltes Schnapsglas über Nacht stehen lassen. Er sollte auch am nächsten Morgen noch Aroma haben. Von einem Vorurteil muss man sich sofort verabschieden: Ein guter Hochprozentiger brennt nicht in der Kehle. Selbst der rauchigste Islay Single Malt, der mit Torf- und Salzwassergeschmack den Gaumen Ungeübter belagert, wird niemals zum Rachenputzer. Von Billigschnäpsen sollte man übrigens auch als Kochzutat die Finger lassen – schließlich ist ein Essen immer nur so gut wie die Summe seiner Zutaten. Wobei man natürlich nicht unbedingt den Cognac von 1789 in den Kochtopf kippen muss.

Suppen

Schnelle Minestrone mit Schuss

Die Zwiebel schälen und fein hacken. Die Tomate häuten und würfeln. Im Suppentopf zuerst die Zwiebel in Olivenöl andünsten, dann die Tomatenstücke dazugeben. Noch 2–3 Minuten weiterdünsten, dann mit heißer Gemüsebrühe aufgießen. Aufkochen und das Tiefkühlgemüse zugeben, wieder aufkochen und die Nudeln gemäß Packungsanleitung in der kochenden Suppe bissfest kochen. Mit Grappa und Salz abschmecken.
Auf dem Teller frisch geriebenen Parmesan darüber streuen und mit Petersilie garnieren.

Für 4 Personen:

1 Gemüsezwiebel
1 Fleischtomate
Olivenöl
1 Liter Gemüsebrühe
300 g TK-Suppengrün (gewürfelt)
200 g TK-Erbsen
100 g kurze Makkaroni (Maccheroni)
2–4 cl Grappa
Salz
Parmesan
Petersilie

Tipp: In Italien sind Maccheroni kurze, meist gekrümmte Röhrennudeln. Die langen, die in Deutschland als Makkaroni bezeichnet werden, heißen in Italien Bucatini. Nimmt man letztere, muss man sie vor dem Kochen in entsprechend kurze Stücke zerbrechen.

Schnelle Linsensuppe

Rote Linsen sind in null Komma nichts essfertig. Der Wodka und das Tabasco wärmen im Winter.

Die Linsen in ein Sieb geben und waschen. Die Kartoffeln schälen und in Würfel schneiden. Die Cabanossi in dünne Scheiben schneiden. Das Olivenöl in einem Topf erhitzen. Die Cabanossi darin leicht anbraten. Dann Kartoffeln und Tomatenmark dazugeben. Unter Rühren etwa 2 Minuten andünsten. Mit 1 l Wasser aufgießen und die Linsen dazugeben. Alles bei mittlerer Hitze etwa 15 Minuten köcheln lassen. Die Frühlingszwiebeln waschen, putzen und in Röllchen schneiden. Etwa 5 Minuten vor Ende der Garzeit in die Suppe geben. Mit Wodka, Tabasco, Salz und Pfeffer würzen.

Für 4 Personen:

200 g rote Linsen
200 g Kartoffeln
150 g Cabanossi
3 EL Olivenöl
2 EL Tomatenmark

200 g Frühlingszwiebeln
2 cl Wodka
Tabasco
Salz, Pfeffer

Kartoffelschnaps-Suppe

Der Kartoffelschnaps soll für Menschen aus dem Erzgebirge ein Schluck Heimat sein. Es gibt ihn natürlich nicht nur in Sachsen, wir haben für unsere Wintersuppe aber einen von dort verwendet.

Für 4 Personen:

1 Zwiebel
500 g Kartoffeln
500 g Lauch
1 EL Olivenöl
1 l Gemüsebrühe oder Wasser
4 cl Kartoffelschnaps
150 ml Schlagsahne
Salz, Pfeffer
1 Prise frisch geriebene Muskatnuss
Leinöl zum Garnieren

Die Zwiebel schälen und in feine Würfel schneiden. Die Kartoffeln schälen und würfeln. Den Lauch putzen und in dünne Rollen schneiden. Das Öl in einem großen Topf erhitzen, die Zwiebelwürfel dazugeben und zugedeckt etwa 3 Minuten glasig andünsten. Die Kartoffeln und den Lauch dazugeben und zugedeckt 5–10 Minuten dünsten.
Gemüsebrühe (wahlweise Wasser) dazugießen und aufkochen lassen. Bei schwacher Hitze etwa 15 Minuten köcheln lassen, bis das Gemüse weich ist. Von der Hitze nehmen und leicht abkühlen lassen. Dann den Kartoffelschnaps einrühren.
Die Suppe pürieren und durch ein Sieb in einen Topf streichen. Die Sahne unterrühren, mit Salz, Pfeffer und Muskatnuss abschmecken und vor dem Servieren nochmals kurz erhitzen.
Auf Suppenschüsseln verteilen und jede Portion mit einem Schuss Leinöl garnieren.

Tipp: Leinöl wird im Erzgebirge normalerweise zu Kartoffeln und Quark gegessen. Es ist sehr gesund, schmeckt aber nicht jedem.

Zwiebelsuppe mit Quitten-Croûtons und Parmesan

Das trockene Brot in kleine Würfel schneiden, mit dem Schnaps übergießen und durchmischen, bis die ganze Flüssigkeit aufgesogen ist. Die Zwiebeln schälen, vierteln und in Streifen schneiden, den Knoblauch klein schneiden.

In einem Topf das Olivenöl erhitzen, die Brotwürfel darin anbräunen und wieder herausnehmen. Dann die Zwiebeln anbraten und den Knoblauch dazugeben. Mit Brühe aufgießen. Den Parmesan reiben und 100 g in die köchelnde Suppe einrühren. Frisch gemahlenen Pfeffer dazu. 10–15 Minuten köcheln lassen. Die Brotwürfel auf Schalen verteilen, die Suppe aufgießen und den restlichen Parmesan gleichmäßig darüber streuen.

Für 4 Personen:

100 g trockenes Brot
4 cl Quittenbrand
3–4 Zwiebeln
2 Knoblauchzehen
3–4 EL Olivenöl
1 l Gemüse- oder Hühnerbrühe
150 g Parmesan
Pfeffer

Tipp: Als Alternative zum Quittenschnaps macht sich auch ein Birnenbrand ganz gut.

Bloody Mary

Der Cocktail gleichen Namens wurde früher, so heißt es, als Heilmittel gegen Kater eingesetzt. Unser Süppchen ist weniger alkoholisch und viel nahrhafter.

Die Zwiebel schälen und in feine Würfel schneiden. Die Tomaten entstrunken und vierteln. Das Öl in einem großen Topf erhitzen, die Zwiebelwürfel dazugeben und zugedeckt etwa 3 Minuten glasig andünsten.
Die Tomaten dazugeben und mit 100 ml Wasser aufgießen. 10–15 Minuten köcheln lassen. Danach von der Hitze nehmen und mit dem Pürierstab pürieren. Durch ein Sieb in einen sauberen Topf passieren und mit der Tabasco-Sauce, dem Wodka, Zucker, Pfeffer und Salz würzen.

Für 4 Personen:

1 Zwiebel
2 kg Tomaten
2 EL Olivenöl
1 Schuss Tabasco
4 cl Wodka
1 Prise Zucker
Pfeffer, Salz

Tipp: Die Suppe schmeckt im Sommer auch kalt.

Rum-Spinat-Suppe

Das Lieblingsessen des Spinatmatrosen Popeye wird hier mit dem Lieblingsgetränk aller Seebären kombiniert und zur Suppe verflüssigt.

Für 4 Personen:

1 Zwiebel
1 Knoblauchzehe
15 g Butter
1 EL Olivenöl
400 g junger Spinat
600 ml Gemüsebrühe oder Wasser
150 ml Schlagsahne
4 cl Rum
1 Prise frisch geriebene Muskatnuss
Salz, Pfeffer

Die Zwiebel schälen und in feine Würfel schneiden. Den Knoblauch schälen und hacken. Butter und Öl in einem großen Topf erhitzen, die Zwiebelwürfel und den Knoblauch dazugeben und zugedeckt etwa 3 Minuten glasig andünsten. Den gewaschenen und entstielten Spinat dazugeben. Unter ständigem Rühren in etwa 5 Minuten zusammenfallen lassen.
Gemüsebrühe (wahlweise Wasser) dazugießen und aufkochen lassen. Bei schwacher Hitze etwa 15 Minuten köcheln lassen. Von der Hitze nehmen, dann Schlagsahne und Rum einrühren.
Die Suppe pürieren. Wenn sie zu dickflüssig sein sollte, noch etwas Wasser zugeben. Mit Muskatnuss, Salz und Pfeffer abschmecken und vor dem Servieren nochmals kurz erhitzen.

»So geht es mit Tabak und Rum: Erst bist du froh, dann fällst du um.«
Wilhelm Busch

Mint-Absinth-Erbsensuppe

Dreimal Grün kommt hier zusammen.

Für 4 Personen:

1 Knoblauchzehe
4 EL Rapsöl
600 g TK-Erbsen
250 ml Milch
3–4 Stängel Minze
100 ml Sahne
2 cl Absinth
Salz, Pfeffer

Die Knoblauchzehe schälen und fein hacken. Das Öl in einem Topf erhitzen und den Knoblauch darin andünsten. Die Erbsen unaufgetaut dazugeben und kurz mitbraten. Mit 250 ml Wasser und der Milch aufgießen. Die Blätter von den Minzestängeln zupfen, 5 bis 6 zum Dekorieren beiseite legen, den Rest grob schneiden und in die Suppe geben. Einmal aufkochen lassen, danach etwa 10 Minuten köcheln.

Den Topf von der Hitze nehmen und die Suppe mit dem Stabmixer pürieren. Zum Schluss die Sahne und den Absinth unterrühren. Mit Salz und Pfeffer würzen. Vor dem Servieren mit Minzestängeln garnieren.

Cullen Skink

Diese leckere Fischsuppe hat uns davon überzeugt, dass die schottische Küche mehr zu bieten hat als Haggis. Weil die Hauptzutat, geräucherter Schellfisch *(haddock)*, hier speziell *Finnan haddie*, hierzulande aber kaum erhältlich ist, haben wir nach Alternativen gesucht – und sind bei den rauchig-torfigen Islay Whiskys fündig geworden. Der Name der Suppe kommt übrigens von der nordostschottischen Stadt Cullen und vom schottischen Begriff »Skink«, der ur-

sprünglich die Rinderknochen zum Auskochen meinte, sich aber in eine allgemeine Bezeichnung für Suppe wandelte.

Das Schellfisch-Filet mit dem Lorbeerblatt in 200 Milliliter kaltem Wasser und Fischfond aufsetzen. Je nach Stärke der Fischstücke bei niedriger Temperatur 15–20 Minuten sieden lassen, dann den Fisch herausnehmen.
Die Kartoffeln schälen und würfeln, den Fischsud zum Kochen bringen und die Kartoffeln darin weichkochen. Währenddessen Zwiebeln schälen und fein würfeln. Den Lauch putzen und in dünne Ringe schneiden. Beides in einem anderen Topf in Butter andünsten, bis alles weich ist (möglichst keine Farbe nehmen lassen). Mit Milch aufgießen und mit Salz und Pfeffer abschmecken.
Wenn die Kartoffeln weich sind, diese mit einem Stampfer grob zerdrücken und zusammen mit dem Fischsud in die köchelnde Milch geben. Das Fischfilet in mundgerechte Stücke zerteilen. Wenn es noch nicht ganz durch ist, noch 5–10 Minuten in der Suppe mitkochen, ansonsten noch 5 Minuten in der heißen Suppe ziehen lassen. In dieser Zeit den Whisky – Menge nach Geschmack – einrühren.
Schnittlauch schneiden und zum Servieren die Suppe damit garnieren

Für 4 Personen:

500 g Schellfisch-Filet
1 Lorbeerblatt
200 ml Fischfond
2–3 mehlig kochende Kartoffeln
2 Zwiebeln
1 Lauchstange
1 EL Butter
500 ml Vollmilch
Salz, Pfeffer
2–4 cl Islay Whisky (z. B. ein klassischer Ardbeg oder Bowmore)
½ Bund Schnittlauch

Tipp: Wenn Sie doch einen *Finnan haddie* bekommen oder einen anderen geräucherten weißen Fisch verwenden, können Sie mit dem Whisky sparsamer umgehen. Schaden tun ein paar Tropfen der Suppe dennoch nicht.

Haupt-
gerichte

Rind + Schwein

Schwäbischer Zwiebelrostbraten

Aus den Äpfeln und Birnen vom Bodensee lässt sich ein vorzüglicher Obstler brennen. Der passt auch prima zur schwäbischen Küche.

Für 4 Personen:

4 Scheiben Roastbeef
3–4 EL Olivenöl
4 cl Obstler
Salz
Mehl
Pfeffer
4 Zwiebeln
100 ml Gemüsebrühe, je nach Geschmack geht auch helles Bier (Export) oder leichter Rotwein (Trollinger)

Die Fleischscheiben in Olivenöl und Obstler einige Stunden – am besten über Nacht – im Kühlschrank marinieren.
Das Roastbeef aus der Marinade nehmen, salzen und mit einem Hauch Mehl bestäuben. Die Scheiben von beiden Seiten scharf anbraten, herausnehmen, pfeffern, in Alufolie wickeln und im vorgeheizten Ofen (100 °C) warmstellen.
Die Zwiebeln in Ringe schneiden, in Mehl wenden und bei mittlerer Hitze in wenig Fett langsam anrösten, bis sie goldbraun bis braun sind.
Das Fleisch aus dem Ofen nehmen, damit es noch etwas ruhen kann. Auf vorgewärmte Teller legen und die Röstzwiebeln darüber verteilen. In die Pfanne jetzt noch schnell – ganz nach Belieben – Brühe, Bier oder Wein sowie die Marinade kurz, aber kräftig auf- und einkochen (das Mehl von den Zwiebeln sorgt für die Bindung).

Als Beilage natürlich Spätzle – und dafür braucht der Schwabe nun mal eine Sauce.

Rindergulasch mit Birnendoppel

Wem es zu birnig wird, der kann auch einen Weinbrand nehmen.

Für 4 Personen:

800 g Rindfleisch (z. B. Schulter)
500 g Zwiebeln
4 Knoblauchzehen
4 feste Birnen
3 EL Butterschmalz
Salz, Pfeffer
2–3 EL Paprikapulver (edelsüß)
2 EL Tomatenmark
8 cl Birnenbrand
2 EL Rotweinessig
2 Lorbeerblätter
250 ml Rinderfond

Das Fleisch in große Würfel schneiden, die Zwiebeln und den Knoblauch schälen und klein schneiden, die Birnen schälen und in etwas kleinere Stücke als das Fleisch schneiden. 2 Esslöffel Butterschmalz in einen großen, flachen Schmortopf geben. Das Fleisch darin von allen Seiten anbraten, salzen, pfeffern und mit Paprikapulver bestreuen. Die Hitze reduzieren und das Fleisch samt Bratsatz herausnehmen. Den Rest vom Butterschmalz in den Topf geben und die Zwiebeln bei niedriger Hitze 15–20 Minuten dünsten. Sie dürfen glasig bis leicht goldbraun sein, aber keinesfalls anbrennen. Für die letzten 3–4 Minuten den Knoblauch und die Birnenstücke dazugeben. Dann das Tomatenmark anschwitzen und mit 4 cl Schnaps und dem Rotweinessig anrühren. Das Fleisch samt Bratsatz wieder in den Topf geben, Lorbeerblätter dazu und mit dem Rinderfond aufgießen.
Deckel drauf und alles bei niedriger Hitze langsam aber lange – etwa 2–2 ½ Stunden – schmoren. Gelegentlich umrühren und wenn nötig etwas heißes Wasser nachgießen. Etwa 10 Minuten vor Schluss die restlichen 4 cl Schnaps einrühren und gegebenenfalls mit Salz und Pfeffer nachwürzen.

Dazu passen breite Bandnudeln oder Kartoffelpüree.

Tipp: Das Fett am Fleisch lassen. Das ist gut als Geschmacksträger und geht beim langsamen Schmoren ganz in die Sauce über.

Brandy-Beef

Wir erinnern uns dabei an die großen schwarzen Stiere, die es auf den langen Urlaubsfahrten durch Spanien immer zu sehen gab.

Das Fleisch, wenn nötig, von Sehnen und einem Teil der Fettschicht befreien. Die Fettschicht einritzen. Knoblauchzehen längs vierteln, Pfefferkörner grob zerstoßen, Rosmarinblätter grob hacken. Aus Knoblauch, Pfeffer, Rosmarin, Olivenöl und Brandy eine Marinade bereiten und das Fleisch für mehrere Stunden darin im Kühlschrank einlegen.
Das Fleisch aus der Marinade nehmen und möglichst vollständig (mit einem Pinsel oder Löffel) von Pfeffer, Rosmarin und Knoblauch befreien (kommt alles zurück in die Marinade). Den Backofen auf etwa 120 °C vorheizen und das Blech mit Alufolie auslegen.
Jetzt das Fleisch salzen und von allen Seiten in Olivenöl scharf anbraten. Auf das Blech legen, die Marinade darüber gießen und die Alufolie über dem Fleisch schließen. Etwa 1–1 ½ Stunden im Ofen garen. Zum Schluss das Fleisch aus dem Ofen nehmen, aber noch 10–15 Minuten in der Folie ruhen lassen.

Für 4 Personen:

1 kg Roastbeef
3–4 Knoblauchzehen
1 TL schwarze Pfefferkörner
1 Zweig Rosmarin
3 EL Olivenöl
4 cl Brandy
Salz

Rum(p)-Steaks

> »Fünfzehn Mann auf des toten Mannes Kiste, jo ho ho und ne Buddel voll Rum.«
> *Robert Louis Stevenson, Die Schatzinsel*

Der Name hat uns zum Rum verführt. Und der macht sich gut mit dem Rindfleisch. Es darf aber auch - American Style - ein Bourbon sein.

Für 4 Personen:

4 Rumpsteaks à etwa 250 g (flaches Roastbeef oder Hüfte)
Salz
Butterschmalz zum Braten
Pfeffer
6 cl brauner Rum

Den Fettrand der Steaks dranlassen, aber einschneiden (damit sich das Fleisch beim Braten nicht verzieht). Fleisch salzen. Butterschmalz in einer gusseisernen Pfanne stark erhitzen. Das Fleisch hineinlegen und von jeder Seite 1–2 Minuten scharf anbraten. Das Fleisch nicht bewegen, anstechen oder gar anschneiden! Dann die Hitze reduzieren, die Steaks pfeffern, wenden, auch die andere Seite pfeffern und mit dem Rum übergießen. Nach 2–3 Minuten erneut wenden und weitere 2–3 Minuten sanft braten. Herd ausschalten, die Steaks aus der Pfanne nehmen und zugedeckt noch 5–10 Minuten ruhen lassen, damit sich der Fleischsaft wieder gleichmäßig verteilen kann. In der Zeit noch etwas frische, kalte Butter in die Pfanne geben, den Bratensatz damit lösen und später die Steaks damit übergießen.

Tipps: Fleisch vor oder nach dem Braten salzen, das ist eine Glaubensfrage. Wir entscheiden uns für vorher, dann nimmt das Fleisch das Salz besser auf, wird möglicherweise aber etwas trockener. Auf keinen Fall sollte man es vorher pfeffern, denn der Pfeffer verkohlt im heißen Fett.
Wenn nicht alle Steaks gleichzeitig in die Pfanne passen, bietet es sich an, das Fleisch nach dem scharfen Anbraten in Alufolie zu wickeln und für 15–20 Minuten in den 100 °C warmen Ofen zu geben.

Wiener Schnitzel in Williams-Panade

Klassisch wird Wiener Schnitzel aus Kalbfleisch gemacht. Notfalls tut es auch Schweinernes, dann darf es sich aber nur »Schnitzel Wiener Art« nennen.

Für 4 Personen:

4 Kalbsschnitzel
100–120 g Mehl
3 Eier
Salz, Pfeffer
2–3 cl Williams Christ
150 g Semmelbrösel
200 g Butterschmalz
1 Zitrone

Die Kalbsschnitzel flach drücken – nicht klopfen. Drei große flache Teller bereitstellen. Auf den ersten das Mehl sieben. Die Eier mit Salz, Pfeffer und dem Birnenbrand verquirlen und auf den zweiten Teller geben, der dritte ist für die Semmelbrösel.
Die Schnitzel in Mehl wenden und überschüssiges Mehl abklopfen. Als nächstes durch das Ei ziehen und anschließend in den Semmelbröseln wenden. Ist von den Williamseiern noch was übrig, die Schnitzel ein zweites Mal durchziehen.
Das Butterschmalz in der Pfanne erhitzen und die Schnitzel im Fett schwimmend bei mittlerer Hitze goldbraun ausbacken. Möglichst nur einmal vorsichtig wenden. Fertige Schnitzel auf Küchenkrepp legen, der das überschüssige Fett absaugt.
Zitrone vierteln und zum Schnitzel legen.

Dazu Kartoffelsalat – was sonst?

Tipp: Zum Flachdrücken der Schnitzel Frischhaltefolie über das Fleisch legen. Als Gerät eignet sich beispielsweise ein Pfannenboden.

Kalbsleber in Calvados

Etwas flüssiges Obst statt Weißwein verleiht der klassischen »Kalbsleber Veneziana« neue Frische.

Die Leber waschen, trocknen und in dünne Scheiben schneiden. Die Scheiben salzen und in Mehl wenden. Olivenöl in einer Pfanne erhitzen. Die Leberscheiben abklopfen, damit sie nicht zu mehlig sind, und kurz aber scharf anbraten. Die Hitze reduzieren, die Leber wieder herausnehmen und in Alufolie wickeln.
Die Zwiebeln schälen, halbieren, in Streifen schneiden und in der Pfanne glasig dünsten (nicht bräunen) – gegebenenfalls etwas Öl nachgießen. Wenn die Zwiebeln glasig und weich sind, mit Calvados ablöschen und Brühe aufgießen. Kurz aufkochen und bei geringer Hitze köcheln lassen, dabei die Butter stückchenweise einrühren.
Die Leberscheiben wieder in die Pfanne geben, mit Salz und frisch gemahlenem schwarzen Pfeffer abschmecken. Petersilie hacken und darüberstreuen.

Dazu Kartoffelpüree.

Für 4 Personen:

600–700 g Kalbsleber
Salz
Mehl
2 EL Olivenöl
3–4 große Zwiebeln
6 cl Calvados
250 ml Gemüsebrühe
50 g Butter
Pfeffer
½ Bund Petersilie

Schweinelende mit Pflaumenfüllung

Der Schnaps macht das Pflaumenaroma so intensiv, dass nur ganz wenige Trockenpflaumen benötigt werden. Und damit es sich gut im Fleisch verteilt, wenden wir hier die Niedrigtemperatur-Methode an. Angefangen vom Einweichen der Backpflaumen muss man mit mindestens 4–5 Stunden rechnen – in denen sich aber viel nebenher erledigen lässt.

Für 4 Personen:

4–6 Trockenpflaumen
6 cl Pflaumen- oder Zwetschgenschnaps
1 Schweinelende (etwa 800 g)
Salz
2 EL Öl zum Anbraten
schwarzer Pfeffer, frisch gemahlen
1 EL Butter
1 Zwiebel
6–8 Salbeiblätter
150 ml Gemüsebrühe
1 EL Crème fraîche

Die Trockenpflaumen halbieren und im Schnaps für mehrere Stunden einweichen. Das Filet längs bis zur Mitte aufschneiden, innen und außen gut salzen. Das Filet mit den Pflaumen füllen und mit Zahnstochern oder Küchengarn wieder verschließen. In heißem Öl rundum scharf anbraten. Das Fleisch aus der Pfanne nehmen, kräftig pfeffern und dann in die Mitte des möglichst exakt auf 80 °C vorgeheizten Ofens stellen. Das Filet braucht jetzt 2 ½–3 Stunden.
Restlichen Einweichschnaps und Bratensatz aufheben.
Etwa 30 Minuten vor Ende der Garzeit die Pfanne mit dem Bratensatz wieder erhitzen und noch ein Stück Butter zugeben. Die Zwiebel schälen, fein würfeln und zusammen mit den Salbeiblättern anbraten. Mit dem Einweichschnaps ablöschen. Sollten die Pflaumen schon alles aufgesogen haben, noch einen extra Schuss zugeben. Mit Gemüsebrühe aufgießen, Crème fraîche einrühren und leicht köcheln lassen, bis das Fleisch fertig ist.

Als Beilagen passen Bandnudeln, Gemüse (Rosenkohl oder Brokkoli) und Salat.

Tipp: Sehr hilfreich ist hier ein Fleischthermometer. Die Kerntemperatur sollte knapp unter 70 °C betragen. Wer das Filet außen schön knusprig will, sollte zum Schluss den Ofen für die letzten Minuten noch mal ordentlich aufheizen – Grillstufe, wenn vorhanden.

»Die Zeit heilt alle Wunden. Aus Napoléon ist ja mittlerweile auch ein Cognac geworden.«

Alfred Biolek

Geschnetzeltes in Cognac-Senf-Sauce

Dieser leckeren Sauce gönnen wir nur das Feinste vom Schwein.

Für 4 Personen:

- 1 Schweinefilet (etwa 600 g)
- 1 Zwiebel
- 2 EL Öl
- 100 g saure Sahne
- 1 EL Senf (mittelscharf)
- 2 TL Honig
- 4 cl Cognac
- evtl. Salz, Pfeffer

Das Schweinefilet in etwa 2 cm dicke Scheiben und die Scheiben dann in Streifen schneiden. Die Zwiebel schälen und fein würfeln. Öl in einer Pfanne erhitzen und das Fleisch scharf anbraten. Die Hitze reduzieren und die Zwiebel dazugeben.
Sahne und Senf miteinander verrühren und über das Fleisch geben. Erst den Honig, dann den Cognac einrühren. Noch 3–4 Minuten köcheln lassen. Nur bei Bedarf mit Salz und/oder Pfeffer abschmecken.

Dazu Spätzle oder Bandnudeln.

Schweinefilet in Cachaça

Dank an Erik aus dem ars vivendi verlag. Er hat das Rezept von seiner brasilianischen Mutter. Wir sind begeistert.

Für 4 Personen:

1 Schweinefilet (600–700 g)
200 ml Cachaça
250 g Bacon
500 g Rinderhackfleisch
Salz, Pfeffer
3 mittlere Kartoffeln
4 große Karotten
100 ml Olivenöl
1 Zwiebel
4 Knoblauchzehen
2 grüne Paprika
1 Bund Petersilie

Küchengarn

Das Filet aufschneiden, sodass man es füllen kann. Das geöffnete Stück für 2–3 Stunden in ein Cachaça-Bad legen. Den Bacon würfeln und mit dem Hackfleisch mischen, salzen und pfeffern. Die Mischung auf das geöffnete Filet legen und dieses schneckenförmig zusammenrollen und mit Küchengarn fest zusammenbinden.
Die Kartoffeln und Karotten schälen und vorkochen (sie sollen noch bissfest sein), anschließend würfeln.
Das zusammengebundene Filet in eine feuerfeste Form legen und diese mit reichlich Olivenöl befüllen.
Zwiebel und Knoblauch schälen und grob würfeln. Die Paprika waschen, putzen und ebenfalls grob würfeln. Alles zusammen mit den Karotten und Kartoffeln um das Fleisch legen. Die Petersilie waschen, grob hacken und ebenfalls dazu. Form für etwa 40 Minuten in den 220 °C heißen Ofen stellen. Das Filet zwei- bis dreimal wenden und dabei mit dem übrig gebliebenen Cachaça übergießen. Wenn das Fleisch gar ist, das Gemüse aus der Form nehmen und pürieren.
Das Filet in Scheiben schneiden und auf dem Gemüsepüree anrichten.

Süß-sauer-scharfes Schweinefleisch

Den Reisschnaps gibt's im Asia-Laden. Das Fleisch sollte natürlich von einem guten Metzger sein. Alles andere bekommt man im normalen Supermarkt. Und trotzdem schmeckt's am Ende echt chinesisch.

Fleisch in fingerdicke, 4–5 cm lange Streifen schneiden. Paprika waschen, putzen und würfeln. Chilis längs halbieren und in 2–3 cm lange Stücke schneiden (wer es nicht so scharf will, sollte die Kerne entfernen). Ananasstücke im Sieb abtropfen lassen, den Saft auffangen. Gürkchen in 2 cm dicke Scheiben schneiden Reichlich Erdnussöl im Wok erhitzen. Den Zucker ins heiße Öl. Sobald der Zucker zu karamellisieren beginnt, Reisschnaps drüber, die Fleischstreifen dazu und unter ständigem Rühren 2–3 Minuten scharf anbraten. Fleisch an den Rand schieben und Paprika und Chilis in der heißen Mitte des Woks 1–2 Minuten anbraten, dann mit dem Fleisch gut vermischen. Gurkenstücke dazu. Mit Reisessig, Sojasauce und Ketchup und so viel vom Ananaswasser aufgießen, dass eine schöne Sauce entsteht. Noch 5–10 Minuten köcheln lassen.

Dazu weißer Reis.

Für 4 Personen:

3 Schweineschnitzel
1 grüne Paprika
2 frische rote Chilis
1 Dose Ananas (Stücke, etwa 300 g, leicht gezuckert)
5 Cornichons
Erdnussöl
50 g brauner Zucker
5 cl Reisschnaps (Baijiu)
3 EL Reisessig
3 EL Sojasauce
3 EL Tomatenketchup

Chili con Tequila

Echt mexikanisch gibt Tequila extra Geschmack.

Die Zwiebel würfeln, Knoblauch fein hacken, Paprika in Stücke schneiden. In einem großen Topf – den Boden gut mit Olivenöl bedeckt – Fleisch, Zwiebel und Knoblauch anbraten. Paprika hinein, Salz und reichlich Chilis drüber, gut durchrühren. Den Ketchup und die Tomaten dazugeben. Mit Tequila, Salz und ein, 2 Spritzern Zitronensaft abschmecken. Alles gut durchrühren, aufkochen lassen und dann bei geringer Hitze etwa 20 Minuten köcheln lassen. Erst jetzt die Bohnen (vorher abgießen) und den Mais dazugeben. Noch ein paar Minuten köcheln lassen, den Herd ausschalten und das Chili im geschlossenen Topf ziehen lassen, bis es Esstemperatur hat.

Dazu Weißbrot und ein bunter Blattsalat.

Für 4 Personen:

1 Zwiebel
1–2 Knoblauchzehen
1 grüne Paprika
Olivenöl
500 g gemischtes Hackfleisch
Salz
getrocknete, gemahlene Chilis
100 ml Tomatenketchup
1 Dose Tomaten (425 ml, in Stücken oder gehackt)
4 cl Tequila
Zitronensaft
2 Dosen (je 425 ml Kidneybohnen)
1 Dose Mais

Aquavit-Klopse

Ein ziemlich schnapslastiges schwedisches Mittsommer-Gericht, das viel besser als die Köttbullar in dem blau-gelben Möbelhaus schmeckt.

Für 30 bis 40 Klopse:

6 Stängel glatte Petersilie
1 Zwiebel
500 g Rinderhack
250 g Schweinemett
2 Eier
4 EL Semmelbrösel
75 ml Aquavit
Salz, Pfeffer
Öl zum Braten

Die Petersilie waschen, trocken schütteln und fein hacken. Die Zwiebel schälen und ebenfalls fein hacken. Beides mit dem Hackfleisch, Mett, Eiern, Semmelbrösel und Aquavit vermengen. Salzen und pfeffern und nochmals durchkneten. Mit angefeuchteten Händen daraus kleine Klopse formen. Das Öl in einer Pfanne erhitzen und die Klopse darin rundum goldbraun anbraten.

Tipp: Die Schweden-Klopse schmecken warm und kalt.

Birnenbrand-Buletten

Ob Frikadelle, Fleischpflanzerl oder Bulette: Ein Schuss Schnaps macht sich gut darin. Der Experimentierfreude sind keine Grenzen gesetzt. Wie haben uns hier für Birne entschieden, ein Willi-Küchle sozusagen.

Das Fleisch in eine Schüssel geben. Das Brötchen in lauwarmem Wasser einweichen. Ei, Senf und Schnaps verrühren und zum Fleisch gießen. Das Brötchen gut ausdrücken und über dem Fleisch zerrupfen. Salzen und mit Pfeffer nicht sparen. Die Masse gut verkneten. Ist sie zu feucht, einfach noch ein paar Semmelbrösel hinein.

Etwas Mehl auf einen Teller geben. Aus der Fleischmasse flache, maximal 2 cm dicke Buletten formen und diese kurz in Mehl wenden. Butterschmalz in der Pfanne erhitzen und die Buletten anbraten, bis sie knusprig braun sind. Möglichst nur einmal wenden.

Für 8–10 Buletten:

500 g gemischtes Hackfleisch
1 altes Brötchen
1 Ei
1 TL Senf (scharf)
4 cl Birnenbrand
Salz, Pfeffer
evtl. Semmelbrösel
Mehl
Butterschmalz

Brandy-Burger

Der Schuss Brandy verfeinert den guten alten Hamburger.

Das Fleisch salzen und pfeffern und mit dem Brandy gut vermengen. Vier gleich große, flache Buletten formen. Sollte die Masse zu feucht sein und sich schlecht formen lassen, etwas Mehl oder Semmelbrösel dazu. In einer Pfanne von beiden Seiten gut anbraten.
Inzwischen die Brötchen aufschneiden und auf der Schnittseite leicht antoasten. Mit Ketchup bestreichen und das Fleisch drauf. Käsescheiben darüberlegen, Tomate in Scheiben schneiden und auf den Käse geben. Ganz oben die Salatblätter und etwas Senf. Brötchen zuklappen, in Alufolie wickeln und im vorgeheizten Ofen (etwa 180 °C) noch etwa 5 Minuten erwärmen, sodass der Käse leicht schmilzt.

Für 4 Personen:

400 g Rinderhackfleisch
Salz, Pfeffer
4 cl spanischer Brandy
evtl. Semmelbrösel/Mehl
4 große Hamburger-Brötchen
4 TL Ketchup
4 Scheiben Ziegen-Gouda
1 Tomate
4 Salatblätter
Senf (scharf)

»Mäßigung, das ist meine eiserne Regel. Neun oder zehn sind eine vernünftige Erfrischung, alles andere artet in Trinkerei aus.«
Altes schottisches Sprichwort

Schnapskulturen

Von Bränden, Wässern und Geiste(r)n

Schnaps, was ist das eigentlich? Der Gattungsbegriff ist jedenfalls weit jünger als das, was er beschreibt. Ursprünglich ist es das niederdeutsche Wort für »Schluck« – von »schnappen« oder »snappen«, was wiederum mit dem Schnabel zu tun hat. Im 18. Jahrhundert setzte sich der Begriff dann für hochprozentige Alkoholika durch – und hat seither oft einen etwas despektierlichen Beiklang. Man denke nur an die Schnapsnase oder die Schnapsdrossel, die mit schnellem Schluck den Schnaps kippen. Da hat die Spirituose schon edlere Wurzeln. Da weht der »Geist« des Lateiners, selbst wenn sie manchmal zum »Sprit« verkürzt wird.

Von geistreichen oder hochgeistigen Getränken ist – auch in diesem Buch – oft die Rede. Nach der Definition des deutschen Steuerrechts sind jedoch nur die wenigsten Spirituosen Geiste. Der Himbeergeist etwa wird dadurch hergestellt, dass die zerkleinerten Beeren mit neutralem Alkohol versetzt werden und so ihr Aroma auf das Getränk übertragen. Auch Kirschgeist findet sich bisweilen. Weitaus häufiger ist jedoch Kirschwasser. Und Wasser – auch wenn das Wort das Gegenteil assoziieren lässt – ist wiederum ein Brand.

Eine schöne Verbindung der Bezeichnungen findet sich auch im »Feuerwasser«, wobei hier aber wohl eher das Gefühl gemeint ist, das der »Rachenputzer« im Mundraum hinterlässt. Ganz dem Brand verschrieben hat sich dagegen der Brandy, der sich als englischer Begriff überraschenderweise vor allem in Spanien durchgesetzt hat. Mit Bränden, die durch das Brennen (Destillation) entstehen, ist in vielen Sprachen das Wasser aufs Engste verbunden. Man denke nur an das russische Wässerchen (Wodka), das gälische Lebenswasser (uisge beatha = Whisky), das gleichbedeutende Eau de vie (in Frankreich ein Obstler) oder den aus dem Lateinischen abgeleiteten skandinavischen Kümmelschnaps Aquavit.

Schnaps hat also etwas Kulturübergreifendes. Und doch sind die meisten Schnäpse fest in einer Kultur verwurzelt. Wer denkt etwa beim Wodka nicht gleich an Russland (»Schmeiß die Gläser an die Wand!«), beim Ouzo an Griechenland (»Ta-tam tatata-tam ...«) oder beim Rum an die Karibik (»Work all night on a drink a' rum«)? Manchmal kann man die Frage sogar fast umdrehen: Wer denkt bei Schottland nicht gleich an Whisky? Dabei haben das gälische Lebenswasser möglicherweise die irischen Missionare des Frühmittelalters nebst der Bibel in ihrem Reisegepäck mitgebracht – und für beides zahlreiche Anhänger gefunden. In ihrer Heimat schreibt es sich heutzutage übrigens »Whiskey«.

Beim Cognac und Frankreich schaut's dagegen ganz anders aus. Der hat schon im eigenen Land gegen andere Schnapskulturen wie Pastis, Calvados und Co. zu bestehen. Und gegen internationale Konkurrenz. Darum wurde zum Beispiel nach dem Ersten Weltkrieg den Deutschen untersagt, ihren Weinschnaps nach dem französischen Vorbild zu benennen. Woraufhin Hugo Asbach (»Uralt«) aus Rüdesheim 1923 das von ihm eingetragene Warenzeichen »Weinbrand« für die Kollegen freigab. Dies sorgte und sorgt aber für Verwechslungen mit dem Branntwein, wieder einem Begriff aus dem deutschen Steuerrecht. Der gilt nämlich für alle Schnäpse, muss also nicht unbedingt ein Weinbrand sein. Um die Verwirrung komplett zu machen, wird Branntwein in einer EG-Verordnung (110/2008) allerdings wieder als Weinbrand definiert. Der Begriffe sind also viele (ganz abgesehen von Ausdrücken wie »Fusel«, »Feuerwasser« und dergleichen mehr). Wir sagen einfach »Schnaps« dazu und meinen Geiste und Brände.

Lamm + Wild

Satansbraten

Höllisch scharf mit Schuss. Warum uns dazu ausgerechnet das zarte Unschuldslamm und der Mezcal einfielen, das weiß der Teufel.

Für 4 Personen:

1 Lammkeule (etwa 1 ½ kg, mit Knochen)
Salz
8–12 Jalapeño Chilis (wer es noch schärfer mag, nimmt Habaneros)
1 Zweig Rosmarin
2 Zweige Thymian
8 EL Olivenöl
8 cl Mezcal
100 g Perlzwiebeln
5–6 Knoblauchzehen
8 cl spanischer Brandy

Die Lammkeule waschen, abtrocknen und salzen. Die Jalapeños in dünne Ringe schneiden. Rosmarinblätter und Thymian klein schneiden. Mit Olivenöl und Mezcal zu einer Marinade verrühren und die Lammkeule damit einstreichen. Die Keule mit der Marinade am besten in einen großen Gefrierbeutel geben und fest verschlossen über Nacht in den Kühlschrank legen.
Die Keule aus der Marinade nehmen und in einem Bräter von allen Seiten gut anbraten. Perlzwiebeln und Knoblauch schälen und in den Bräter geben. Das Ganze in den 180 °C warmen Ofen stellen. Nach etwa 30 Minuten wenden und mit der Hälfte der Marinade übergießen. Nach weiteren 30 Minuten erneut wenden und mit dem Rest der Marinade (inklusive aller Jalapeños!) übergießen. Weitere 1–1 ½ Stunden garen. Dabei nach und nach mit dem Brandy bestreichen und mit dem Sud (evtl. etwas Wasser nachfüllen) übergießen. Zum Schluss die Keule 5–10 Minuten ruhen lassen.

Dazu Weißbrot und Salat.

Lamb in the Skye

Auf der Isle of Skye wurden wir Zeugen einer Pub-Schlägerei. Ein Gast, Sekunden später selbst involviert, brachte uns das mit den Worten »That's Skye for you« als folkloristische Darbietung näher. So herb wie der Charme dieser schottischen Insel mit ihren Schafen und schroffen Felsen ist auch ihr Whisky. Dem Talisker – als »mouthfilling monster« charakterisiert – widmen wir dieses rustikale Lamb Stew.

Fleisch und Kartoffeln in mundgerechte Würfel schneiden. Vom Kohl den Strunk entfernen und die Blätter in Streifen schneiden. Die Zwiebeln würfeln. Alles zusammen in einen Topf geben, Kümmel und Lorbeerblätter dazu, mit Brühe übergießen und bei leicht geöffnetem Topfdeckel etwa 1 Stunde köcheln lassen. Möhren ebenfalls in mundgerechte Stücke schneiden und nach 1 Stunde zusammen mit dem Whisky in den Topf. Mit Salz und Pfeffer abschmecken. Deckel drauf und noch 30 Minuten weiterköcheln lassen.
Vor dem Servieren Petersilie hacken und darüber streuen.

Für 4 Personen:

800 g Lammfleisch (Schulter oder Keule)
500 g Kartoffeln
500 g Weißkohl
2 Zwiebeln
2 TL Kümmel
2–3 Lorbeerblätter
500 ml Hühnerbrühe
250 g Möhren
6 cl Whisky (Talisker)
Salz, Pfeffer
3 Stängel Krause Petersilie

Lammkoteletts in Metaxa-Sauce

Die stehen bei unserem Griechen auf der Speisekarte - und weil sie sehr gut schmecken, auch in diesem Kochbuch.

Für 4 Personen:

8 Lammkoteletts
1 Zweig Rosmarin
4 Salbeiblätter
2 Knoblauchzehen
4 EL Olivenöl
Salz
4 cl Metaxa
2 EL Balsamico-Essig
1 TL Honig

Lammkoteletts waschen und trocken tupfen. Fettränder vorsichtig entfernen oder mehrfach leicht einschneiden (damit sich das Fleisch beim Braten nicht wölbt). Rosmarinnadeln, Salbeiblätter und Knoblauch hacken. Mit Olivenöl und Salz zu einer Marinade verrühren. Koteletts in eine flache Schüssel legen und mit der Marinade übergießen. Zudecken und für mehrere Stunden in den Kühlschrank stellen.
Lammkoteletts aus der Marinade nehmen und - möglichst ohne zusätzliches Fett - von beiden Seiten je 2-3 Minuten scharf anbraten. Herausnehmen und in den 80-100 °C warmen Ofen stellen. Bratsatz mit Metaxa, Balsamico und der Marinade lösen. Bei Bedarf noch etwas Wasser zugeben. Den Honig einrühren, dabei die Sauce kurz aufkochen und dann ziehen lassen. Die Koteletts aus dem Ofen nehmen und mit der Sauce übergießen.

Dazu frisches Saison-Gemüse und Weißbrot.

Tipp: Wer die Koteletts grillen möchte, gibt den Metaxa schon in die Marinade.

Wildschwein in Wacholdersauce

Wildschwein verträgt viel Wacholder. Deshalb geben wir außer den Beeren auch noch Gin – sozusagen Wacholder-Essenz – zu.

Für 4 Personen:

1 kg Wildschwein (Keule oder Schulter)
Mehl
Bratfett
8 Schalotten
10 Wacholderbeeren
500 ml Schwarzbier (oder Malzbier)
100 ml Gin
2 Lorbeerblätter
Salz, Pfeffer

Wildschwein waschen und trocken tupfen. Das Fleisch in vier Stücke teilen und mit Mehl bestäuben. In einer Schmorpfanne im heißen Fett von allen Seiten anbraten. Schalotten schälen und im Ganzen mit anschwitzen. Die Wacholderbeeren grob zerstoßen und dazugeben. Mit Bier und Gin ablöschen. Lorbeerblätter mit in die Sauce und alles bei mittlerer Hitze und geschlossenem Deckel 2–3 Stunden schmoren lassen. Zwischendurch mit Salz und Pfeffer abschmecken.
Das Fleisch herausnehmen, wenn es mürbe ist. In Alufolie einschlagen und ruhen lassen. In der Zeit die Sauce durch ein Sieb passieren und gegebenenfalls noch etwas einkochen und nachwürzen – evtl. ganz zum Schluss nochmals einen kleinen Schuss Gin dazu.

Dazu passen Spätzle oder Kartoffelbrei und Rotkohl oder Wirsing und natürlich ein Schwarzwurzelgemüse (s. Rezept S. 135).

Hochland-Hirsch-gulasch

> »Freiheit und Whisky gehören zusammen.«
> *Robert Burns*

Die meisten Schotten trinken ihren Whisky pur. Aber zum Wild aus den Highlands macht sich ein Malt auch sehr gut.

Für 4 Personen:

1 kg Hirschgulasch (aus dem Rücken)
200 g Perlzwiebeln (oder kleine Schalotten)
200 g Möhren
200 g kleine Champignons
150 g Speck (durchwachsen)
evtl. Öl
Salz, Pfeffer
2 EL Tomatenmark
500 ml Rotwein (trocken)
6 cl Highland Malt (kein torfiger Islay)
2 Lorbeerblätter
3 Wacholderbeeren
100 ml Sahne oder Crème fraîche
1 EL Aceto Balsamico

Fleisch waschen, trocken tupfen und in mundgerechte Stücke schneiden, Sehnen dabei entfernen. Zwiebeln schälen, Möhren in Stücke schneiden, Champignons putzen.
Den Speck in einem Schmortopf auslassen und darin die Perlzwiebeln, Möhren und Champignons anbraten, bis sie Farbe annehmen. Gemüse und Speck herausheben, bei Bedarf noch etwas Bratfett oder Öl zugeben und die Fleischstücke von allen Seiten gut anbraten. Salzen und kräftig pfeffern, dann auch das Fleisch wieder herausnehmen und Tomatenmark anschwitzen. Mit Wein und der Hälfte vom Whisky ablöschen. Fleisch und Gemüse zusammen mit Lorbeerblättern und Wacholderbeeren wieder in den Topf geben und alles bei geschlossenem Deckel 2–2 ½ Stunden schmoren. Gegen Ende die Sahne und den Balsamico-Essig zugeben und gegebenenfalls bei offenem Deckel die Sauce noch etwas einkochen lassen. Zum Schluss die zweite Hälfte vom Whisky zugießen und mit Salz und Pfeffer abschmecken.

Dazu »neeps and tatties« – zerstampfte Steckrüben und Kartoffeln (Rezept: s. Beilagen, S. 126).

Geflügel

Marillen-Honig-Hähnchen

Der Schnaps hinterlässt ein feines Aprikosenaroma. Auch ein Slivovic wäre mal einen Versuch wert.

Für 4 Personen:

- **1 Brathähnchen (1,2 kg)**
- **4–5 Schalotten**
- **2 Knoblauchzehen**
- **3 EL Sonnenblumenöl**
- **2 EL flüssiger Honig**
- **2 cl Marillenbrand**
- **2 TL Paprikapulver (edelsüß)**
- **2 TL Salz**
- **Öl für den Bräter**
- **150 ml Gemüsebrühe**

Das Hähnchen innen und außen gut waschen und trocken tupfen. Die Flügelspitzen und den Bürzel abschneiden. 2 Schalotten und den Knoblauch schälen, die Schalotten halbieren. Das Hähnchen damit füllen. Schenkel und Flügel evtl. mit Küchengarn festbinden.

Öl mit Honig, Marillenbrand, Paprikapulver und Salz verrühren. Mit einem Pinsel das Brathähnchen gleichmäßig damit bestreichen (es sollte etwas von der Marinade für später übrig bleiben).

Öl in den Bräter geben, sodass der Boden gut bedeckt ist. Das Hähnchen auf dem Bauch in den Bräter legen. Die restlichen Schalotten halbieren und um das Hähnchen legen. Den Bräter in die Mitte des auf 200 °C vorgeheizten Ofens schieben. Nach 30–40 Minuten das Hähnchen wenden und weitere 40–50 Minuten braten. Während des Bratens immer wieder etwas Hühnerbrühe um das Hähnchen gießen, damit es nicht anklebt oder -brennt. Nach und nach mit der restlichen Marinade bestreichen.

Tipp: Wenn der Honig zu fest ist und sich schlecht auflöst, die Marinade im warmen Wasserbad anrühren.

Scharfes Maotai-Huhn

Das Original wurde Hans auf Taiwan serviert, in einer der vielen wunderbaren Straßengarküchen, von denen er heute noch schwärmt.

Hühnchenbrüste in mundgerechte Stücke schneiden, mit dem Sambal (Chilipaste) und dem Sesamöl gut vermischen und im Kühlschrank kalt stellen. Pilze putzen und in etwa 1 cm breite Scheiben schneiden. Zuckererbsen in 3–5 cm lange Stücke schneiden.
Erdnussöl im Wok erhitzen, bis es flimmert. Das marinierte Hühnchenfleisch hinein und 2–3 Minuten unter ständigem Rühren anbraten, dann Zuckererbsen und die Pilze dazu, nach weiteren 1–2 Minuten den Schnaps und danach die Cashewnüsse. Mit der Sojasauce ablöschen, gut durchrühren. Koriander schneiden und vor dem Servieren darüberstreuen.

Passt zu Reis oder chinesischen Bratnudeln.

Für 4 Personen:

800 g Hähnchenbrustfilet
1–2 EL Sambal Oelek
1 EL Sesamöl
200 g frische Shiitake-Pilze
200 g Zuckererbsen
Erdnussöl
4 cl Maotai oder Gaoliang (chinesischer Hirseschnaps)
100 g Cashewnüsse, ungesalzen
2–3 EL Sojasauce
1 Bund Koriandergün

Hühnchen in Kokos-Bananen-Rum-Sauce

Damit haben uns unsere Freunde Gudrun und Rolf-Bernhard nach ihrer Karibik-Reise bekocht und beglückt.

Für 4 Personen:

600 g Hühnerbrustfilet
4 EL Öl
Salz
1 TL Cayennepfeffer
2–3 feste Bananen
4 Schalotten
2 Knoblauchzehen
400 ml Kokosmilch
100 ml Hühnerbrühe
1 TL brauner Rohrzucker
1 TL Koriander (gemahlen)
1 TL Kurkuma (gemahlen)
1 TL grüne oder rote Pfefferkörner
1 Stängel Zitronengras
1 EL weißer Rum
Kokosraspeln

Hühnchenbrust – je nach Größe – in 4–8 gleich große Teile schneiden und in der Hälfte des Öls von allen Seiten gut anbraten. Fleisch herausnehmen, salzen und mit Cayennepfeffer bestreuen und abgedeckt beiseite stellen.
Die Bananen – es müssen keine Kochbananen sein, sie müssen aber sehr fest sein – in 4–5 cm lange Stücke schneiden. Im restlichen Öl anbraten, bis sie leicht braun werden, dann herausnehmen und beiseite stellen. Schalotten und Knoblauch schälen, fein würfeln und glasig anbraten. Mit Kokosmilch und Hühnerbrühe ablöschen und die Sauce etwas einkochen. Mit Zucker, Koriander und Kurkuma würzen. Pfefferkörner, Zitronengras, Rum und das Hühnchenfleisch dazugeben und etwa 15 Minuten köcheln lassen. Nochmals mit Salz abschmecken. Zum Schluss frisch geriebene Kokosnuss oder Kokosraspeln darüber.

Dazu Reis und scharfe Ananas (s. Rezept, S. 137).

Coq au Bock et Bruichladdich

Ein Schuss Cognac kommt bei vielen Coq-au-Vin-Rezepten mit in den Wein (Traube zu Traube). Wir greifen unsern Coq au Bock aus dem Bierkochbuch auf und verfeinern den Gerstensaft-Gockel mit einem Gerstenschnaps, sprich: Whisky. Es darf gerne ein torfiger Islay, wie etwa ein Bruichladdich, Bowmore oder Ardbeg sein.

Für 4 Personen:

4 Hähnchenkeulen (oder 1 Hähnchen geviertelt)
150 g kleine Schalotten
150 g kleine Champignons
5 Knoblauchzehen
je 1 TL Salz, Pfeffer, Zucker
1 Zweig Thymian oder Rosmarin
1 Lorbeerblatt
5 cl Whisky
500 ml Bockbier
Mehl
Olivenöl
1 EL Tomatenmark
200 ml Hühnerbrühe
evtl. 1 EL Butter

Die Hähnchenteile waschen, trocken tupfen und an einigen Stellen die Haut einritzen.
Wer will, kann sofort weitermachen – besser ist es aber, das Hähnchen über Nacht zu marinieren.
Dazu geputztes Gemüse, Gewürze und Geflügelteile in eine Schüssel geben, mit Whisky einreiben, dann mit Bier übergießen, abdecken und in den Kühlschrank stellen.
Am nächsten Tag über einem Sieb abgießen, die Marinade auffangen. Die Hähnchenteile herausnehmen, gut abtropfen lassen und in Mehl wenden.

Hähnchen in Olivenöl in einem feuerfesten Topf von allen Seiten gut anbraten und wieder herausnehmen. Das Gemüse im Topf anbraten und dabei das Tomatenmark anschwitzen. Hähnchen wieder hinzufügen. Wer nicht mariniert hat, gibt jetzt auch die Gewürze hinein. Mit der Marinade bzw. dem Bier und mit Hühnerbrühe aufgießen. Kräftig aufkochen lassen. Den Topf für etwa 30 Minuten in den vorgeheizten Ofen (220 °C) stellen.

Dann herausnehmen und nach Bedarf Butter zum Abbinden in die Sauce rühren.

Dazu passt Kartoffelpüree oder einfach nur Weißbrot zum Tunken.

»Ein Mensch, der Hunde hasst und Whiskey liebt, kann nicht durch und durch schlecht sein.«
W. C. Fields

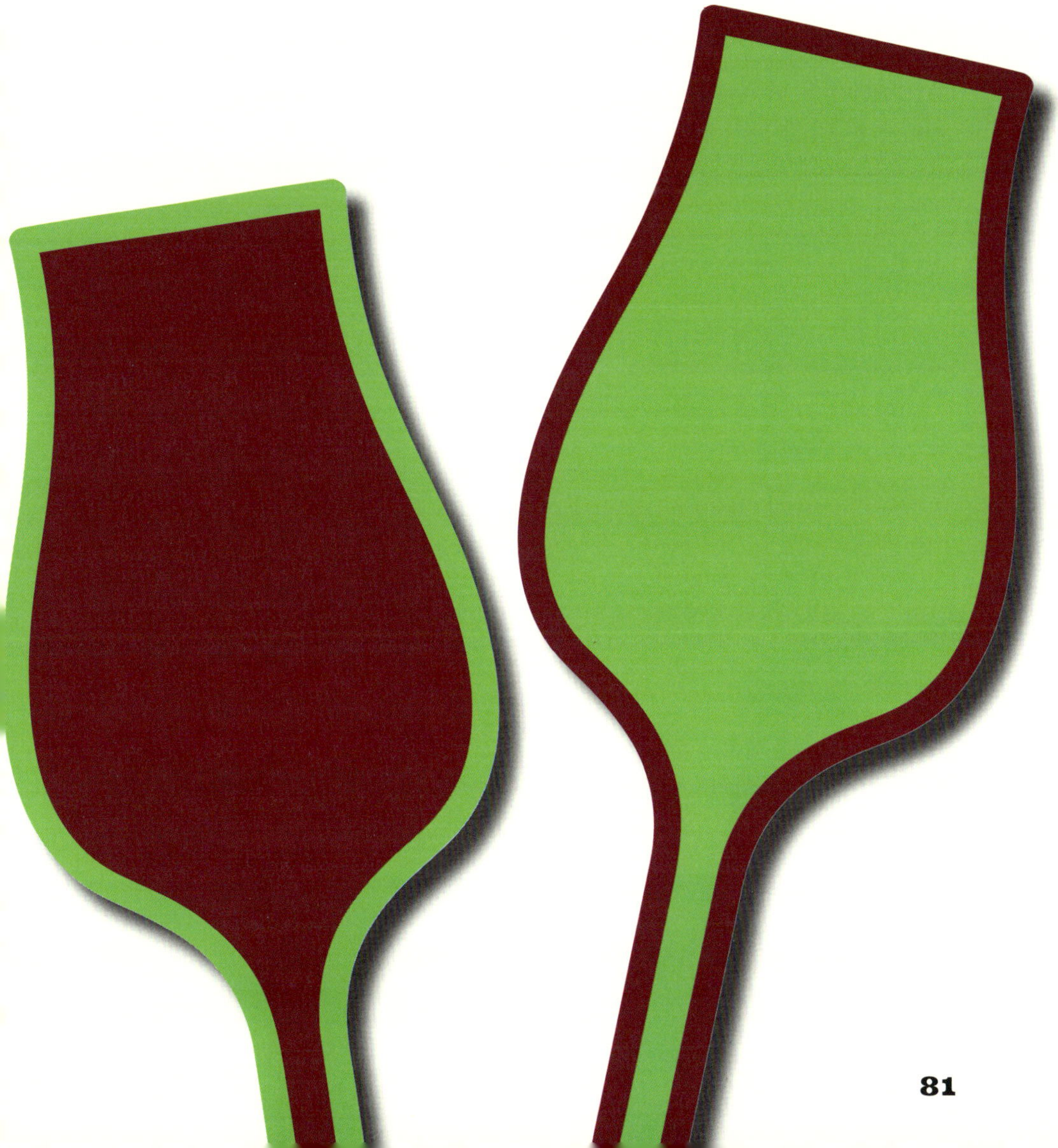

Piroschka-Hähnchen

Mit Original ungarischem Kecskeméter Aprikosenschnaps wird unser Hähnchen mindestens so frisch wie Lilo Pulver im Heile-Welt-Sehnsucht-Kultfilm *Ich denke oft an Piroschka*. Wer ihn nicht herkriegt, nimmt Slivovic.

Für 4 Personen:

4 Hähnchenbrüste
1 TL Paprikapulver (edelsüß)
1 TL Paprikapulver (rosenscharf)
Salz, Pfeffer
Öl zum Braten
6 cl Aprikosenschnaps
500 g gemischte Gemüsepaprika
1 Zwiebel
Salz
1 EL Öl

Hähnchenbrüste waschen und trocken tupfen. Paprikapulver, Salz und Pfeffer in einem Teller mischen und das Hähnchen darin von allen Seiten wälzen.
Öl in einer Pfanne erhitzen und die Hähnchenbrüste 3 Minuten von allen Seiten anbraten. Die Hitze abdrehen. Das Hähnchen aus der Pfanne nehmen und den Schnaps hineingießen. Mit einem Backpinsel die Bratrückstände mit dem Schnaps vermischen.
Die Paprika waschen, halbieren, putzen und in grobe Würfel schneiden. Die Zwiebel schälen und ebenfalls würfeln.
Beides in einen Bräter geben, salzen und mit dem Öl beträufeln. Im vorgeheizten Ofen (180 °C) etwa 15 Minuten backen lassen. Dann die Hähnchenbrüste obenauf legen. Alles mit dem Schnaps-Bratenfond übergießen und für 20 Minuten backen. Wenn es zu trocken zu werden droht, noch etwas Schnaps und Öl darübergießen.

Dazu passt Weißbrot.

Entenbrust Cognac-Ingwer-Orange

Eine einfache, aber sehr leckere Variante des Canard à l'orange.

Die Brustfilets waschen und abtrocknen. Die Haut rautenförmig einschneiden (Achtung: nicht bis ins Fleisch!), salzen. Auf der Hautseite – ohne zusätzliches Fett, die Ente hat schon genug davon – etwa 5 Minuten in einer ofenfesten Pfanne scharf anbraten, dann wenden und bei leicht reduzierter Hitze nochmals 4–5 Minuten braten. Das Fleisch wieder wenden und die Pfanne in den 100 °C warmen Ofen schieben. 40–60 Minuten langsam garen. Die Garzeit unterscheidet sich sehr stark. Sie richtet sich vor allem nach der Größe der Fleischstücke.
Die Entenbrüste herausnehmen, in Alufolie einwickeln und ruhen lassen. Den Bratensatz mit Cognac und Orangensaft lösen und den Ingwer sehr fein hineinreiben. Auf dem Herd kurz aufkochen.
Entenbrüste in Scheiben schneiden und mit der Sauce übergießen.

Für 4 Personen:

2–4 Flugentenbrüste (Barbarie), etwa 600–700g
Salz
4 cl Cognac
200 ml Orangensaft
10–20 g frischer Ingwer

Tipp: Wer die Ente schön knusprig mag, kann sie in der Sauce mit der Haut nach oben noch einmal für 3–5 Minuten in den auf 220 °C hochgeheizten Ofen schieben. Das Fleisch sollte danach aber wieder einige Minuten ruhen.

Wacholder-Gans

Das Verdauungsschnäpschen ist hier inklusive.

Die Gans waschen und gut trocken tupfen. Salz, Pfeffer und 1 Esslöffel Beifuß in einer kleinen Schüssel mischen. Die Gans innen und außen mit der Mischung einreiben. Die Wacholderbeeren etwas zerdrücken. Mit dem Wacholderschnaps und dem restlichen Beifuß vermischen und die Gans damit füllen. Eine 0,5 l-Flasche aus Glas mit dem Hals nach vorne in die Füllung schieben.
Die Gans mit Holzspießchen verschließen oder mit Küchengarn zubinden. In einen großen Bräter auf die eine Keulenseite legen. 250 ml Wasser aufkochen und sehr heiß in den Bräter gießen.
Diesen auf die unterste Schiene im auf 160 °C vorgeheizten Ofen schieben und etwa 3 ½–4 Stunden garen. Während der Garzeit öfters auf die andere Seite legen und mit der Flüssigkeit aus dem Bräter begießen. 15 Minuten vor Ende der Garzeit die Gans auf den Rücken legen und auf 200 °C Oberhitze schalten. Wenn sie fertig ist, aus dem Bräter auf eine Platte setzen und zugedeckt 15 Minuten ruhen lassen.
Für die Sauce die Äpfel waschen, vierteln und das Kerngehäuse entfernen. Die Viertel längs in Spalten schneiden und mit Zitronensaft beträufeln. Die Zwiebeln schälen und fein hacken. Im Bratenfond aus dem Bräter glasig dünsten, dann die Apfelspalten dazugeben und mit Schnaps und Brühe aufgießen. 5 Minuten köcheln lassen, mit Salz und Pfeffer abschme-

Für etwa 8 Portionen

- 1 küchenfertige frische Gans (etwa 4–5 kg)
- Salz, Pfeffer
- 2 EL geriebener Beifuß
- 1 EL Wacholderbeeren
- 2 cl Wacholderschnaps
- 4 Äpfel
- 2 EL Zitronensaft
- 2 Zwiebeln
- 10 cl Wacholderschnaps
- 700 ml Hühnerbrühe

cken. Kurz mit dem Schneidstab pürieren und die Sauce zur tranchierten Gans servieren.

Dazu passen Kartoffel- oder Semmelknödel.

Tipp: Wer mag, kann die Gans traditionell, z. B. mit Äpfeln und Maroni füllen. Der Flaschen-Trick spart aber Arbeit. Außerdem lässt er die Keulen schneller garen, sodass die Brust nicht trocken wird. Die Flasche erhitzt sich während der Garzeit nämlich stark. Wichtig ist, die Flasche gut zu säubern (auch das Etikett muss natürlich runter), sie leer und ohne Verschluss zu verwenden.

Dimple Duck

Gute Single Malts sind teure Tröpfchen. Zum Kochen kann man deswegen ruhig mal zum Blended greifen. Dimple muss es natürlich nicht unbedingt sein, ein anderer Whisky-Verschnitt tut's auch.

»Ich habe immer eine Flas
Whiskey griffbereit, falls
ich mal von einer Schlange
gebissen werden sollte. Ein
Schlange habe ich ebenfalls
immer zur Hand.«

W. C. Fiel

Für 4 Personen:

4 Entenbrüstchen (je ca 140 g)
4 EL Sojasauce
4 cl Whisky
6 EL Olivenöl
4 EL Honig
2 Rosmarinzweige
1 Zitrone
Öl zum Anbraten

Die Entenbrüstchen waschen und trocken tupfen. Sojasauce, Whisky, Öl und Honig in einer Schüssel gut vermischen. Den Rosmarin fein hacken, die Zitrone auspressen. Rosmarin und Zitronensaft mit in die Schüssel geben und alles nochmals gut verrühren. Die Entenbrüstchen in die Marinade geben und 4–5 Stunden ziehen lassen.
Danach das Fleisch herausnehmen und abtropfen lassen. In einer Pfanne das Öl erhitzen und die Brüstchen darin auf jeder Seite 8–9 Minuten anbraten. Das Fleisch herausnehmen und die Marinade mit einem Backpinsel in der heißen Pfanne verteilen, wenn man ein bisschen Sauce will.

Dazu passen Ciabatta oder Ofenkartoffeln.

Tipp: Die Dimple Duck lässt sich auch gut auf dem Grill zubereiten.

Fisch

Raki-Barben

Der Raki verleiht den Rotbarben ein sanftes Anis-Aroma.

Für 4 Personen:

4 filetierte Rotbarben (je etwa 230 g)
4 cl Raki
60 ml Olivenöl
10 Pfefferkörner
2 Orangen
Salz, Pfeffer
2 EL Mehl
2 Sardellen aus dem Glas
10 schwarze Oliven ohne Stein
8 grüne Oliven ohne Stein
2 Knoblauchzehen
1 unbehandelte Zitrone
Butter zum Braten
6 Stängel Basilikum

Die Fischfilets waschen, trocken tupfen und nebeneinander in eine Schüssel legen. Den Raki und das Olivenöl darübergießen. Die Pfefferkörner zerdrücken und darüberstreuen. 1 Orange schälen und in Scheiben schneiden, die andere auspressen. Die Hälfte der Scheiben auf den Fisch legen. Die Schüssel zudecken und alles im Kühlschrank etwa 5 Stunden marinieren lassen.
Danach die Fischfilets aus der Marinade nehmen, trocken tupfen, salzen und pfeffern. Das Mehl auf einem Teller verteilen und den Fisch darin wenden.
3 Esslöffel der Marinade in einer Pfanne erhitzen und den Fisch darin auf jeder Seite 2–3 Minuten anbraten. Dann den Fisch herausnehmen und warm stellen. Die Pfanne mit Küchenpapier auswischen.
Die Sardellen hacken. Die Oliven halbieren. Den Knoblauch schälen und fein hacken. Die Zitrone halbieren. Eine Hälfte auspressen, die andere in Scheiben schneiden.
Die Butter in der Pfanne erhitzen und mit der restlichen Marinade verrühren. Die Sardellen darin anbraten, dann die Oliven und den Knoblauch dazugeben.
Mit Orangen- und Zitronensaft aufgießen und etwas einkochen lassen. Das Basilikum waschen und trocknen, fein hacken und unterziehen. Die Sauce über den Fisch gießen und alles mit den Orangen- und Zitronenscheiben garnieren.

Dazu passt türkisches Fladenbrot.

Rumbarsch

Nicht nur Butter bei die Fische ...

Für 4 Personen:

600 g Rotbarschfilet
Salz
1 Zitrone
6 cl brauner Rum
Mehl
500 g Weißkohl
4 Knoblauchzehen
Pflanzenöl
100 ml Gemüsebrühe
40 g Butter
Pfeffer

Fisch mit kaltem Wasser abspülen und mit Küchenkrepp trocken tupfen. Große Filets entsprechend der Zahl der Mitesser portionieren. Die Fischstücke salzen, mit Zitronensaft und 2 cl Rum beträufeln und in Mehl wenden.
Den Kohl putzen und in schmale Streifen schneiden, die Knoblauchzehen schälen und längs vierteln. Erst den Kohl in neutralem Pflanzenöl scharf anbraten. Nach 2–3 Minuten die Hitze reduzieren, den Knoblauch dazugeben, mit Brühe ablöschen und leicht köcheln lassen.
Jetzt den Fisch in der Hälfte der Butter bei mittlerer Hitze anbraten. Je nach Größe brauchen die Filets nur 4–6 Minuten. Zur Halbzeit den Fisch vorsichtig wenden und mit 2 cl Rum übergießen.
Den Kohl mit Salz und Pfeffer abschmecken und auf Teller verteilen. Die Fischfilets drauflegen. Den Bratsatz mit dem Rest der Butter und den restlichen 2 cl Rum von der Pfanne lösen und die Fische damit übergießen.

Dazu passen Vollkornreis oder Salzkartoffeln.

Tipp: Tiefgekühlte Fischfilets am besten über Nacht im Kühlschrank ganz langsam auftauen. Dazu in ein Sieb legen und einen tiefen Teller zum Auffangen der Flüssigkeit drunterstellen.

Folienfisch

Kabeljau mit Korn macht den Käpt'n nicht blau.

Für 4 Personen:

4 TK-Kabeljaufilets (à etwa 200 g)
1 Zwiebel
Salz
2 TL Senf (mittelscharf)
4 cl klarer Kornschnaps
4 Scheiben Gouda

Alufolie

Die gefrorenen Filets kurz abspülen und trocknen – dabei eventuelle Eisreste entfernen. Die Zwiebel in dünne Ringe schneiden. Den Fisch rundum salzen und mit Senf bestreichen. Die Filets auf je ein Stück Alufolie legen. Mit je 1 cl Korn beträufeln, Zwiebelringe und Käse drauflegen. Fest in die Alufolie einschlagen. Auf einem Backblech in die Mitte des auf 180–200 °C vorgeheizten Ofens stellen. Nach 30–40 Minuten ist der Fisch durch, die Zwiebel weich und der Käse geschmolzen.

Dazu Weißbrot und Salat.

Tipp: Den Fisch in der Folie auf die Teller stellen, dann kann jeder sein Überraschungspäckchen selbst öffnen.

Zander im Korn-Mantel

Unsere Süßwasservariante für den Fish zu den Chips.

Die Filets abspülen, trocken tupfen, mit Zitronensaft beträufeln, salzen und pfeffern. Drei flache Teller bereitstellen. Auf den ersten das Mehl sieben. Die Eier mit dem Kornbrand verquirlen und auf den zweiten Teller geben, der dritte ist für die Semmelbrösel.
Die Filets in Mehl wenden, überschüssiges Mehl vorsichtig abklopfen. Durch das Ei ziehen und dann in den Semmelbröseln wenden. Ist von der Eimasse noch was übrig, die Filets ein zweites Mal durchziehen.
Reichlich Öl in einer Pfanne erhitzen und die Filets ausbacken. Je nach Stärke nach 3–5 Minuten vorsichtig wenden.

Dazu Kartoffelsalat oder Pommes Frites.

Für 4 Personen:

4 Zanderfilets (à etwa 200 g)
4 TL Zitronensaft
Salz, Pfeffer
100 g Mehl
2 Eier
2 cl Kornbrand
100 g Semmelbrösel
Öl

Tipp: Damit es keine bösen Überraschungen gibt, die Filets vor dem Panieren vorsichtig nach Gräten abtasten. Diese mit einer Pinzette entfernen.

Steinhäger-Kräuter-Forelle

Das Wacholder-Aroma rundet die Kräutermischung elegant ab.

Die Forellen waschen, trocken tupfen und innen und außen salzen. Die Kräuter grob hacken und mit Schnaps und Senf vermengen. Die Kräutermischung gleichmäßig in die Forellen füllen und die Fische in Mehl wenden. Überschüssiges Mehl vorsichtig abklopfen. Butter in einer großen Pfanne – oder wenn es in der Pfanne zu eng wird, auf zwei Pfannen verteilt – schmelzen und erhitzen, bis sie schaumig wird. Dann die Fische hineinlegen und bei mittlerer Hitze von jeder Seite 5–7 Minuten braten.

Für 4 Personen:

4 küchenfertige Forellen
Salz
1 Bund frische Kräuter (z. B. Kerbel, Estragon, Petersilie, Dill)
2 cl Steinhäger oder Gin
1 TL Senf
100 g Mehl
50 g Butter

Tipp: Die Forellen sind fertig, wenn sich die Rückenflosse leicht herausziehen lässt.

»Schwerenot, wo verstecke ich meinen Schnaps? – geschwind, geschwind, ich will ihn in meinen Bauch verbergen!«
Christian Dietrich Grabbe

Schnaps-Sardinen gratiniert

Die Fische vertragen geschmacklich viel, sollen aber nicht in Flüssigkeit ersaufen. Drum lieber nur ein Gläschen Rum.

Für 4 Personen:

- 12 Sardinen (küchenfertig, à etwa 80 g)
- Salz
- 6–8 Flaschen- oder Roma-Tomaten
- Öl für die Form
- 4–6 Knoblauchzehen
- 1 Bund frischer Oregano
- 1 TL gemahlene Chilis oder Cayennepfeffer
- 4 cl weißer Rum
- 3–4 EL Olivenöl
- 3–4 EL Semmelbrösel

Die Sardinen außen und innen abspülen, trocken tupfen und salzen. Die Tomaten in Scheiben schneiden und in eine gut mit Olivenöl ausgeriebene feuerfeste Form schichten. Den Knoblauch schälen und fein hacken, den Oregano grob hacken, beides vermengen und mit Salz und Chilis würzen. Gut die Hälfte davon über die Tomaten geben. Den Rest der Mischung zusätzlich mit Rum, Olivenöl und Semmelbröseln vermengen. Die Sardinen auf das Tomatenbett legen und mit der Knoblauch-Oregano-Chili-Rum-Öl-Semmelbrösel-Masse bestreichen.
Im vorgeheizten Ofen (200 °C) etwa 20–25 Minuten backen.

Dazu Weißbrot oder Tortilla und Salat.

Tipp: Die Sardinen sind fertig, wenn sich das Fleisch leicht von der Rückengräte löst. Zum Testen kann man einen der Fische mit dem Messer anstechen.

Pernod-Fischtopf

Hier leistet ein französischer Wermutwein, Noilly Prat, dem Pernod und dem Fisch Gesellschaft.

Den Staudensellerie und den Fenchel waschen und in dünne Scheiben schneiden. Die Oliven ebenfalls in Scheiben schneiden. Die Zwiebel und den Knoblauch schälen und jeweils fein hacken. Olivenöl in einem großen Topf erhitzen und bis auf die Oliven alles darin andünsten. Dann die Oliven, die Dosentomaten mit Flüssigkeit, den Fischfond und die Gemüsebrühe dazugeben. Alles bei niedriger Hitze etwa 10 Minuten kochen. Das Basilikum und den Majoran waschen, trocken schütteln und fein hacken. Zusammen mit dem Noilly Prat und dem Pernod in die Suppe geben. Die Fischfilets waschen, trocken tupfen, salzen und in grobe Würfel schneiden. In die Suppe geben und etwa 15 Minuten gar ziehen lassen. Wer mag, träufelt vor dem Servieren noch etwas Olivenöl auf die Suppe.

Für 4 Personen:

200 g Staudensellerie
1 Fenchelknolle
10 schwarze Oliven ohne Stein
1 Zwiebel
5 Knoblauchzehen
Olivenöl zum Braten
1 Dose Tomaten
400 ml Fischfond
800 ml Gemüsebrühe
6 Stängel Basilikum
5 Zweige Majoran
1 cl Noilly Prat Extra dry
1 cl Pernod
150 g Lachsfilet
150 g Seeteufelfilet
200 g Seebarschfilet
Salz, Pfeffer

Asiatisches Garnelen-Pfännchen

Zu Koriander, Ingwer und Zitronengras passt wunderbar ein Reisschnaps – am besten ein klarer japanischer Kome Shochu. Wer will, kann es aber auch mit dem speziell gewürzten thailändischen Mekhong-Whisky wagen.

Für 4 Personen:

12 große rohe Garnelen
2 Knoblauchzehen
200 g frischer Ingwer
2 Stängel Zitronengras
1 scharfe rote Chilischote
6 Korianderstängel
½ TL Fünfgewürzepulver
1 Limette
4 EL Erdnussöl
2 EL Sojasauce
2 EL dunkles Sesamöl
2 Frühlingszwiebeln
2 EL Kome Sochu

Die Garnelen schälen und den Darm entfernen. Den Schwanz nicht abschneiden.
Den Knoblauch schälen und mit einem Messergriff zerstoßen. Den Ingwer schälen und fein reiben. Beim Zitronengras die harten Außenblätter entfernen, den Rest fein schneiden. Die Chilischote längs halbieren, die Kerne entfernen und die Schote klein schneiden. Den Koriander fein hacken. Die Hälfte davon zum Garnieren beiseite legen.
Alles in eine Schüssel geben und mit dem Fünfgewürzepulver vermischen. Die Limette auspressen. Die Hälfte des Limettensaftes, des Erdnussöls und der Sojasauce unterrühren.
Die Garnelen mit dem Sesamöl beträufeln und danach mit der Knoblauch-Ingwer-Gewürzmischung bedecken. 30–40 Minuten im Kühlschrank marinieren.
Die Hälfte des übrigen Erdnussöls in einem Wok oder einer Pfanne erhitzen und die Garnelen darin unter ständigem Rühren 6–8 Minuten braten. Danach die Garnelen herausheben und auf einer Platte warmstellen.
Die Frühlingszwiebeln putzen und in sehr feine Ringe schneiden. Den Reisschnaps, das

restliche Öl, Sojasauce und Limettensaft in den Wok geben, 6 Esslöffel Wasser und die Hälfte der Frühlingszwiebeln unterrühren. Etwa 4 Minuten ziehen lassen. Danach alles über die Garnelen gießen. Mit dem restlichen Koriander und den Frühlingszwiebeln garnieren.

Dazu passen asiatische Nudeln.

Tipp: Um die Zutaten für dieses Gericht zu kaufen, lohnt sich der Ausflug in den Asia-Laden. Frischen Koriander kann man aber auch ganz einfach in einem Topf auf der Fensterbank selbst aus Samen ziehen.

Wurst + Schinken

Fenchel-Pa(s)tisserie

Zugegeben, für den Durchschnitts-Patissier ist es keine Herausforderung, fertigen Blätterteig aufzubacken. Aber wir sind ja keine Durchschnitts-Patissiers ...

Den Fenchel putzen, halbieren und den Strunk herausschneiden. Das Fenchelgrün beiseite legen. Die halbierten Knollen in wenig kochendem Salzwasser etwa 10 Minuten dünsten. Herausnehmen und abtropfen lassen.
Die angetauten Blätterteigplatten auf der bemehlten Arbeitsplatte ausrollen. Sie sollten etwa 20 x 20 cm groß werden. In die Mitte jeder Platte je 1 Scheibe Käse und 1 Scheibe Schinken legen. Darauf je 1 Fenchelhälfte. Die Fenchelhälften mit dem Pastis beträufeln. Dann den Teig zu einem Päckchen zusammenklappen. Das Eigelb und die Milch verquirlen und die Päckchen damit bestreichen. Auf ein Backblech setzen und im 180 °C heißen Ofen auf der mittleren Schiene 25–30 Minuten backen. Auf Tellern anrichten und mit dem Fenchelgrün garnieren.

Für 4 Personen:

2 Knollen Fenchel
Salz
4 Scheiben TK-Blätterteig
Mehl zum Ausrollen
4 Scheiben Bergkäse
4 Scheiben gekochter Schinken
4 cl Pastis
1 Eigelb
2 EL Milch

Ginbalaya

Jambalaya ist die Louisiana-Variante von Paella. Der kreolischen Reispfanne mischen wir eine für sie ganz und gar exotische Spirituose bei: Gin. Das Experiment ist unserer Ansicht nach geglückt. Schließlich waren auch die Freibeuter der Queen in der Karibik zugange.

Hähnchenkeulen waschen, trocken tupfen und in einer großen Pfanne rundum anbraten. Zwiebel, Sellerie und Paprika würfeln und mit den Hühnerkeulen anbraten. Die Gewürze (Pimentkörner im Mörser zerstoßen) dazugeben. Mit Gin ablöschen. Knoblauchzehen schälen und sehr fein schneiden, Knoblauchwurst würfeln, Fleischtomaten mit kochendem Wasser übergießen, häuten, würfeln und alles mit in die Pfanne. Den Reis ebenfalls dazu, mit der Brühe aufgießen, alles gut durchrühren und – je nach Reis – 10–20 Minuten köcheln lassen. 5 Minuten vor Ende der Garzeit die Garnelen untermischen. Am Schluss sollte die Flüssigkeit völlig verdampft bzw. aufgesogen sein (lässt sich mit einem Deckel und notfalls etwas Wasser regulieren).

Für 4 Personen:

4 Hähnchenkeulen
Olivenöl zum Braten
1 Gemüsezwiebel
2 Stangen Staudensellerie
1 gelbe Paprika
1 TL Pimentkörner
1 TL Cayennepfeffer (Pulver)
1 TL Kurkuma
5 cl Gin
2 Knoblauchzehen
200 g Knoblauchwurst
2 Fleischtomaten
250 g Langkornreis
500 ml Gemüsebrühe
250 g Garnelen (ohne Schale)

Dirty Rice

»Die chemische Analyse der sogenannten dichterischen Inspiration ergibt 99 Prozent Whisky und 1 Prozent Schweiß.«
William Faulkner

»Red beans and ricely yours« – so hat Louis Armstrong viele seiner Briefe unterzeichnet. Den Klassiker der Cajun-Küche – eigentlich Reis mit kleinen Hühnerleber-Stückchen, die wie Schmutzkrümel aussehen – haben wir in einem Fast-Food-Restaurant in New Orleans kennengelernt. Zu Hause bevorzugen wir die etwas opulentere Variante mit Roten Bohnen und Speck. Und einem Schuss Mais-Whiskey aus Tennessee.

Speck fein würfeln. Schalotten und Knoblauch schälen und ebenfalls fein würfeln. Alles zusammen in etwas Olivenöl in einem Topf anbraten, bis die Schalotten glasig sind. Den Reis dazugeben und mit Wasser aufgießen, sodass der Reis etwa 2 cm hoch bedeckt ist. Thymian und Nelken dazu. Nach Packungshinweis kochen, bei Bedarf noch etwas Wasser zugeben (es sollte am Ende aber komplett verkocht bzw. vom Reis aufgesogen sein. Wenn der Reis fast fertig (bissfest) ist, mit Salz, Pfeffer und Whiskey abschmecken. Dann die Bohnen abgießen, die Petersilie hacken und beides untermischen. Noch 5–10 Minuten ziehen lassen. Zum Schluss noch etwas Öl unterrühren.

Für 4 Personen:

200 g durchwachsener Speck
4 Schalotten
2 Knoblauchzehen
Olivenöl zum Braten
250 g Langkorn Reis
1 Zweig Thymian
2 Gewürznelken
Salz, Pfeffer
2 cl Tennessee-Whiskey
1 Dose Kidneybohnen
1 Stängel Petersilie
2 EL Olivenöl

Pilz-Omelette

Wir lieben Pilze so sehr, dass wir von Freunden schon »die Hobbits« genannt wurden. Gegen einen feinen Tropfen haben die (und wir) übrigens auch nichts einzuwenden …

Für 4 Personen:

250 g braune Champignons
200 g gekochter Schinken
1 Zwiebel
8 Eier
2 cl Obstler
Salz, Pfeffer
Olivenöl zum Braten

Champignons putzen und in Scheiben schneiden, Schinken und Zwiebel fein würfeln. Eier und Schnaps mit Salz und Pfeffer schaumig rühren.
Pilze und Zwiebel in etwas Olivenöl anbraten. Schinken dazugeben. Nach 3–4 Minuten die schaumig geschlagenen Eier darüber. Bei mittlerer Hitze langsam stocken und fest werden lassen. Wenn der Boden anzubacken droht und das Omelett oben noch zu flüssig ist, mithilfe eines großen Tellers wenden.

Dazu ein grüner oder bunter Blattsalat und Brot.

Tipp: Die Pilze beim Anbraten nicht salzen, sonst werden sie matschig. Salz ist schon im Eierschaum.

Chili con Brandy

Die spanische Variante mit Paprika-Knoblauch-Wurst.

Die Zwiebel würfeln, Chilis fein schneiden, Paprika in Stücke schneiden. In einem großen Topf – den Boden gut mit Olivenöl bedeckt – Zwiebel, Chili und Paprika anbraten. Die Wurst in Stücke schneiden und zugeben, wenn die Zwiebeln glasig sind. Noch 1–2 Minuten alles weiterdünsten, dann Tomaten und Ketchup dazu. Den Brandy direkt in den Topf – oder vorher damit noch die Tomatendose ausspülen. Alles gut durchrühren, aufkochen lassen, mit Essig und Salz abschmecken und dann bei geringer Hitze etwa 20 Minuten köcheln lassen. Erst jetzt die Bohnen (vorher abgießen) und den Mais dazugeben. Noch ein paar Minuten köcheln lassen, den Herd ausschalten und das Chili im geschlossenen Topf ziehen lassen, bis es Esstemperatur hat.

Für 4 Personen:

1 Zwiebel
2 frische, scharfe Chilischoten
1 grüne Paprika
Olivenöl
400 g Chorizo
1 Dose Tomaten (425 ml, gehackt)
200 ml Tomatenketchup
4 cl spanischer Brandy
1 EL Sherry-Essig
Salz
2 Dosen (je 425 ml) Kidneybohnen
1 Dose Mais

Dazu Weißbrot und ein bunter Blattsalat.

Currywurstpfanne

Schnell und gut.

Die Würste anbraten und aus der Pfanne nehmen. Die Paprika fein würfeln und in der Pfanne anbraten. Tomatenmark mit anschwitzen. Passierte Tomaten dazugeben. Mit Salz, Pfeffer, Zucker, Essig und Schnaps abschmecken. Etwa 30 Minuten köcheln lassen. Dann die in Scheiben geschnittenenen Bratwürste hinein und zum Schluss das Currypulver gut verteilt drüberstreuen. Noch 5–10 Minuten ziehen lassen.

Dazu Pommes und Salat.

Für 4 Personen:

4 Bratwürste
Olivenöl zum Anbraten
1 rote Paprika
1 EL Tomatenmark
1 Dose passierte Tomaten
Salz, Pfeffer
1–2 TL Zucker
1 TL Balsamico
1–2 EL Weinbrand oder Whisky
1 EL Currypulver

Linsen mit Schnapsspätzle und Saiten

Saiten (Saita) heißen die Wiener Würstchen in Schwaben.

Linsen nach Packungsanleitung kochen. Suppengrün (Möhre, Sellerie, Lauch) putzen und klein schneiden. In Sonnenblumenöl anbraten. Mit einem Schöpflöffel voll vom Linsenkochwasser ablöschen, Lorbeerblatt dazu, salzen und pfeffern. Fertige Linsen abgießen, dazugeben, Würstchen hinein und bei geringer Hitze ziehen lassen, während die Spätzle zubereitet werden. Nicht mehr kochen, sonst platzen die Würste.
Mehl und Eier mit Wasser, Schnaps und Salz zu einem klumpenfreien Teig verrühren. Den Teig portionsweise mittels Spätzlepresse, Spätzlehobel oder von Hand vom Brett geschabt in kochendes Salzwasser geben. Die Spätzle sind fertig, wenn sie oben schwimmen. Mit einem Schaumlöffel abschöpfen und in einer vorgewärmten Schüssel warmhalten, bis alle fertig sind.
Auf Teller verteilen. Linsen mit Essig abschmecken und dazugeben, Würstchen oben drauf.

Für 4 Personen:

Für die Linsen:
300 g braune Linsen
1 Bund Suppengrün
Sonnenblumenöl
1 Lorbeerblatt
Salz, Pfeffer
4 Paar Wiener Würstchen
1–2 EL Weißweinessig

Für die Spätzle:
300 g Mehl
3 Eier
80–100 ml Wasser
2–3 cl Obstbrand
1 Prise Salz

Tipp: Hülsenfrüchte ohne Salz und Gewürze kochen, sonst werden sie ewig nicht weich.

Pasta

Penne al Willi

Das Traumpaar Gorgonzola und Birne neu und vor allem ganz einfach interpretiert.

Die Nudeln nach Packungsanleitung bissfest (al dente) kochen. Den Käse inzwischen in kleine Stücke zerteilen. Die Nudeln abgießen und zurück in den heißen Topf geben. Den Käse, die Crème fraîche und den Birnenbrand dazu. Umrühren, bis der Käse zu einer cremigen Masse geschmolzen ist. Auf Teller verteilen und sofort servieren.

Dazu passt ein Radicchio-Salat.

Für 4 Personen:

500 g Penne
200 g Gorgonzola
1–2 EL Crème fraîche
4 cl Williams Christ

Tipps: Je feiner der Käse vorher zerteilt wurde, desto schneller schmilzt er natürlich. Man kann die Sauce aber auch extra in einer Pfanne bereiten und dann über die gekochten Nudeln geben. Salzen dürfte vor allem bei einem pikanten Gorgonzola nicht nötig sein.

Kräuter-Carbonara mit Grappa

Dieses Gericht schmeckt immer ein bisschen anders, je nachdem, welche Kräuter man verwendet.

Kräuter fein hacken und mit Sahne und Eiern gut verrühren. Schinken in schmale Streifen schneiden und in einer hohen Pfanne in etwas Olivenöl bei mittlerer Hitze anschwitzen.
Die Nudeln bissfest kochen, abgießen und zum Speck in die Pfanne geben. Grappa und Kräuter-Sahne-Eier-Mischung dazugeben und alles gut durchrühren. Bei Bedarf mit Salz abschmecken. Nach 2–3 Minuten vom Herd nehmen und auf Teller verteilen. Reichlich frisch gemahlenen schwarzen Pfeffer darüber.

Für 4 Personen:

1 Bund frische Kräuter (z. B. Estragon, Kerbel, Schnittlauch, Pimpinelle, Petersilie)
250 ml Sahne
2 Eier
150 g Schwarzwälder Schinken oder Südtiroler Speck
Olivenöl
500 g Spaghetti
2 cl Grappa
Salz, Pfeffer

Steinpilz-Nudeln

Frische Steinpilze sind köstlich, aber leider selten zur Hand. Also nehmen wir fürs Nudelgericht getrocknete. Und wenn wir mal frische bekommen, dann braten wir sie ganz puristisch in Butter an und essen Brot dazu.

Die Pilze in einem Sieb unter fließendem Wasser sehr gut abwaschen, dann für mindestens 1 Stunde in lauwarmem bis warmem Wasser einweichen.
Pilze abgießen, das Einweichwasser auffangen. Die Pilze gut abtropfen lassen. Die Zwiebel schälen, fein hacken und in Butter glasig anbraten. Die Pilze dazu 2–3 Minuten mit anbraten, dann mit etwas Einweichwasser ablöschen und die Sahne sowie den Schnaps dazu, kurz aufkochen und etwa 10 Minuten köcheln lassen.
Die Nudeln bissfest kochen. Die Pilzsauce mit Salz und Pfeffer abschmecken. Petersilie hacken und darüber streuen.

Für 4 Personen:

30 g getrocknete Steinpilze
1 Zwiebel
2 EL Butter
4 cl Cognac/Weinbrand
100 ml Sahne
400 g Bandnudeln
Salz, Pfeffer
1 kleiner Bund glatte Petersilie

Spaghetti Gattopardo

Die gab's bei unserem Stamm-Italiener – und danach einen Grappa, selbst gebrannt vom Opa. Leider gingen die Wirtsleute zurück nach Sizilien, um dort einen deutschen Biergarten zu eröffnen.
Bei unseren Gattopardo kommt der Grappa gleich in die Sauce.

Für 4 Personen:

- 300 g passierte Tomaten
- 50–60 ml Sahne
- 2 cl Grappa
- 1–2 EL Olivenöl
- 1 TL Oregano
- 1 Prise Salz
- 150 g kleine braune Champignons
- 125 g Mozzarella
- 400 g Spaghetti

Tomatensauce in einem Topf erwärmen, Sahne, Grappa und Olivenöl einrühren, Oregano dazugeben, leicht salzen.
Champignons putzen und in dünne Scheiben hobeln, Mozzarella fein würfeln.
Spaghetti al dente kochen, abgießen und auf Teller verteilen. Sauce dazu und die Pilz- und Mozzarella-Stückchen darüber streuen.

Nuss-Schnaps-Nudeln

So mancher setzt sich aus grünen Walnüssen selbst einen Schnaps an. Wir haben das den Profis überlassen und für dieses schnelle Pasta-Rezept einen fertigen aus der Wachau mitgebracht.

Die Nudeln nach Packungsanleitung in Salzwasser garen. Inzwischen die Walnusskerne hacken, die Tomaten in Streifen schneiden, die Knoblauchzehen schälen und fein hacken, die Chili waschen, putzen und ebenfalls schneiden. Achtung: Wer es nicht so scharf mag, entfernt vor dem Kleinschneiden die Kerne.
Das Olivenöl in einem Topf erhitzen. Nüsse darin kurz rösten. Dann die Tomaten, Knoblauch und Chili dazugeben und 3 Minuten mitbraten. Die Nudeln abgießen. 2 Esslöffel vom Kochwasser im Topf zurücklassen und mit dem Nussschnaps und dem Ricotta verrühren. Die Nussmischung und die Nudeln untermischen. Mit Salz und Pfeffer abschmecken.

Wer mag, reibt vor dem Servieren noch frischen Parmesan drüber.

Für 4 Personen:

400 g Nudeln (am besten passen Farfalle)
Salz
100 g Walnusskerne
5 getrocknete, in Öl eingelegte Tomaten
3 Knoblauchzehen
1 Chilischote
6 EL Olivenöl
4 cl Nussschnaps
120 g Ricotta
Pfeffer

Tagliatelle al Salmone

Dem Lachs aus kalten Gewässern gönnen wir ein Wässerchen aus ebenso kalten Regionen. Und beides zusammen macht dann ganz mediterran warm ums Herz.

Lachsfilet in dünne Streifen schneiden. Schalotten schälen und fein würfeln. Tomate mit heißem Wasser übergießen, häuten, Flüssiges und Kerne entfernen, das Fleisch fein würfeln. Die Schalotten bei mittlerer Hitze in reichlich Olivenöl glasig anbraten. Erst den Lachs, dann die Tomatenwürfel dazugeben. Wodka und Crème fraîche drüber, durchrühren, mit Salz, Pfeffer und Zitronensaft abschmecken und bei geringer Hitze ziehen lassen. Zum Schluss einen Teil der Petersilie klein schneiden und unterrühren.
Die Nudeln al dente kochen, abgießen und in die Sauce geben. Gut vermengen und dann auf Teller verteilen. Mit der restlichen Petersilie garnieren.

Für 4 Personen:

200 g Lachsfilet
2–3 Schalotten
1–2 Roma-Tomaten
Olivenöl
4 cl Wodka
150 ml Crème fraîche
Salz, Pfeffer
1 Spritzer Zitronensaft
3–4 Stängel glatte Petersilie
400 g Tagliatelle

Tipp: Wenn keine Tomatenzeit ist, kann man auch etwas Tomatenmark nehmen. Wir empfehlen dann Sahne statt Crème fraîche.

Rotbarben-Rigatoni

Vom vielen Alkohol bleibt nicht viel übrig – außer dem vollen Geschmack.

Die Möhren schälen und fein würfeln. Schalotten und Knoblauch schälen und klein schneiden. Alles zusammen in reichlich Olivenöl anbraten. Der Knoblauch darf aber nicht braun werden – darum nicht zu heiß braten und immer schön rühren. Nach etwa 5 Minuten erst das Tomatenmark mit anschwitzen, dann den Brandy aufgießen. Die Tomate häuten und das feste Fleisch fein würfeln. Wenn der Brandy fast vollständig eingekocht ist, die Tomatenstücke und die Thymianzweige in die Sauce geben und köcheln lassen, während die Nudeln gekocht werden. Die Rotbarbenfilets in Stücke schneiden und salzen. Den Fisch für die letzten etwa 5 Minuten in der Sauce mitkochen. Bei Bedarf etwas Wasser (oder Rotwein) nachgießen und mit Salz abschmecken. Die fertigen Nudeln und die Sauce gut vermengen und dann erst auf Teller verteilen.

Für 4 Personen:

2 Möhren
2 Schalotten
2 Knoblauchzehen
Olivenöl
1 EL Tomatenmark
100 ml spanischer Brandy
1 Fleischtomate
2 Zweige Thymian
400 g Rigatoni
300 g Rotbarbenfilets
Salz

Tipp: Wer's scharf mag, schneidet zum Schluss eine Peperoni in dünne Ringe und streut die über die Pasta. Auch frisches Basilikum macht sich gut dazu.

Vegetarisch

»Aber i' glaab', es is g'scheiter als die Rederei da, wann D' mit mir a' Glaasl Kersch'ngeist trinkst.«

Franz von Kobell

Käsefondue

Ein Klassiker der Schnapsküche, bei dem wir gar nicht groß experimentieren wollen. Käse kann man viele dazu verwenden, z. B. Greyerzer (Gruyère), Vacherin, Raclette, Appenzeller, Emmentaler ... Man sollte zwei bis drei davon mischen. Wir entscheiden uns für den mild-würzigen Vacherin und den kräftigen Appenzeller. Auf jeden Fall nicht zu viel Schnaps nehmen!

Für 4 Personen:

400 g Appenzeller
400 g Vacherin
2 Knoblauchzehen
500 ml trockener Weißwein
1 EL Kartoffelstärke
4 cl Kirschwasser
Muskat
Pfeffer
2 Baguettes

Den Käse grob reiben. Den Knoblauch schälen. Eine Knoblauchzehe halbieren. Den Caquelon – das Fondue-Kächeli – mit dem Knoblauch ausreiben und dann den Wein aufgießen. Während der Wein zum Kochen gebracht wird, die zweite Knoblauchzehe fein schneiden und dazugeben. Den Wein nur kurz aufkochen, dann die Hitze reduzieren, sodass er nur noch leicht siedet. Nach und nach den Käse einrühren, damit er gleichmäßig schmilzt. Zum Schluss die Stärke mit dem Kirschwasser auflösen und einrühren. Mit Muskat und Pfeffer abschmecken.

Das Baguette in Scheiben schneiden. Es wird auf die Fonduegabeln gespießt und in das Fondue getunkt.

Tipp: Das Weißbrot sollte nicht ganz frisch sein. Dann lässt es sich besser aufspießen und zerfällt nicht im Käse. Die Baguettescheiben vierteln, damit jedes Brotstückchen eine Rinde hat.

Wodkanoff mit Pilzen

Wer genau wissen will, wie das Filet Stroganoff entstanden ist, sollte sich das Lied von Friedrich Holländer anhören (am besten gesungen von Helen Vita). In unserer Version verzichten wir auf das Fleisch, nehmen dafür aber echt russischen Wodka.

Für 4 Personen:

2 Zwiebeln
2 Knoblauchzehen
1 kg gemischte Pilze (z. B. Champignons, Austern- und Shiitakepilze)
30 g Butter
1 EL Olivenöl
200 g Crème fraîche
1 TL Tomatenmark
1 cl Wodka
1 Prise frisch geriebene Muskatnuss
Salz, Pfeffer

Die Zwiebeln schälen und fein schneiden. Den Knoblauch schälen und hacken. Die Pilze putzen und in Scheiben schneiden.
Butter und Öl in einer großen Pfanne heiß werden lassen. Hitze reduzieren und die Zwiebeln dazugeben. Zugedeckt etwa 5 Minuten dünsten. Danach den Knoblauch dazugeben, alles umrühren und weitere 3 Minuten zugedeckt dünsten.
Die Pilze dazu und in der offenen Pfanne bei mittlerer Hitze 20–30 Minuten braten, bis ihr Saft verkocht ist.
Die Crème fraîche, das Tomatenmark und den Wodka einrühren. Bei stärkerer Hitze 1–2 Minuten aufkochen lassen. Mit Muskatnuss, Salz und Pfeffer würzen.

Dazu passt Reis.

Tipp: Pilze immer erst nach dem Braten salzen, sonst geben sie zu viel Wasser ab und das Gericht wird matschig.

Calvados-Kürbis

Der Cidre-Branntwein gibt dem Gericht eine feine fruchtige Note. Wer keinen Calvados hat, kann zum Obstler greifen.

Die Kürbisse längs halbieren und entkernen. Salzen und pfeffern und mit der Schnittfläche nach unten auf 4 Lorbeerblätter auf ein mit Backpapier ausgelegtes Blech geben. Im auf 180 °C vorgeheizten Backofen etwa 40 Minuten backen.
Den Knoblauch und die Schalotte schälen und hacken. Die Hälfte der Butter in einer Pfanne zerlassen und Knoblauch und Schalotte darin bei kleiner Hitze anschwitzen. Das fünfte Lorbeerblatt, die Kapern, den Aceto Balsamico und den Calvados dazugeben. Einmal aufkochen lassen und bei sehr geringer Hitze etwa 4 Minuten köcheln. Dann die Hitze abdrehen und zum Warmhalten Deckel drauf.
Die Kürbisse aus dem Backofen nehmen. Etwas abkühlen lassen. Danach das Fleisch mit einem Suppenlöffel oder einem Eisportionierer herauskratzen, dabei die Schale nicht beschädigen.
Das Kürbisfleisch in einer Schüssel mit der heißen Sauce vermischen. Alles in die Kürbishälften verteilen und die restliche Butter in Flöckchen darüber verteilen. Für 2–3 Minuten noch einmal in den Backofen geben. Danach mit Salz und Pfeffer abschmecken.

Für 4 Personen:

- 2 Hokkaido- oder Mu katkürbisse (je etw 1 kg)
- Salz, Pfeffer
- 5 Lorbeerblätter
- 1 Knoblauchzehe
- 1 Schalotte
- 60 g Butter
- 1 EL Kapern
- 1 TL Aceto Balsamic
- 5 EL Calvados

Tipp: Die Kürbiskerne nicht in den Müll werfen, sondern waschen, trockenreiben und danach in einer Pfanne ohne Fett rösten – dabei das Rühren nicht vergessen! Die gerösteten Kerne sind eine knackige Salatzutat und außerdem gesund.

Kürbis-Apfel-Tarte

Mal wieder eine Mogelpackung, weil der Apfel nur in vergeistigter Form vorkommt. Aber es schmeckt!

Für 4 Personen:

- **200 g TK-Blätterteig**
- **800 g Hokkaidokürbis**
- **1 rote Chilischote**
- **150 g Crème fraîche**
- **100 ml Schlagsahne**
- **2 cl Apfelbrand**
- **3 Eier**
- **200 g Schafskäse**
- **Salz, Pfeffer**
- **Butter für die Form**

Den Blätterteig auftauen lassen. Den Kürbis schälen, entkernen und in etwa ½ cm dicke Spalten schneiden. Die Chilischote entkernen und fein schneiden. Crème fraîche, Sahne, Apfelbrand und Eier verquirlen. Den Schafskäse zerbröckeln. Mit der Chilischote ins Eier-Sahne-Gemisch geben, salzen und pfeffern. Eine Tarteform (30 cm Durchmesser) fetten. Den Blätterteig ausrollen und die Form damit auslegen. Den Boden mit einer Gabel mehrfach einstechen und im Backofen auf 200 °C vorgeheizten Backofen 3 Minuten backen.
Dann die Form aus dem Ofen nehmen und die Kürbisspalten auf dem Boden verteilen. Die Käse-Eier-Sahne-Mischung darübergießen. Im Backofen 35–40 Minuten backen.

Dazu passt Feldsalat.

Tipp: Hokkaidokürbis kann man auch mit Schale essen. Geschält lässt er sich aber leichter in Spalten schneiden.

Polentapizza mit Schuss

Ein Vecchia Romagna wäre die stilechte Zutat für dieses italienisch inspirierte vegetarische Gericht. Ein anderer Weinbrand ist aber auch nicht verkehrt.

Für 4 Personen:

750 ml Gemüsebrühe
200 g Maisgrieß (Polenta)
4 cl Weinbrand
25 Salbeiblätter
8 EL Olivenöl
8 Zweige Thymian
2 Knoblauchzehen
300 g Zucchini
250 g Champignons
Salz, Peffer
450 g Flaschentomaten
250 g Mozzarella

Die Gemüsebrühe zum Kochen bringen. Die Polenta mit einem hölzernen Kochlöffel langsam unterrühren. Bei mittlerer Hitze unter ständigem Rühren so lange kochen, bis sich die Polenta vom Topfrand löst. Ganz zum Schluss den Weinbrand unterrühren. Dann die Polenta vom Herd nehmen.

Den Salbei quer in breite Streifen schneiden. 2 Esslöffel Olivenöl in einer Pfanne erhitzen. Den Salbei dazugeben und rund 1 Minute braten. Den Salbei mit dem Öl aus der Pfanne unter die Polenta rühren.

Eine Tarteform (32 cm Durchmesser) mit 2 Esslöffel Olivenöl einstreichen. Die Polenta hineingeben und glatt streichen.

Die Thymianblättchen zupfen. Den Knoblauch schälen und fein hacken. Die Zucchini waschen, putzen, der Länge nach halbieren und in Scheiben schneiden. Die Champignons putzen. Große Pilze vierteln, kleine halbieren.

2 Esslöffel Öl in einer Pfanne erhitzen und die Zucchini sowie die Hälfte des Thymians und des Knoblauchs darin etwa 2 Minuten anbraten. Salzen, pfeffern und in eine Schüssel geben.

Das restliche Öl in der Pfanne erhitzen und die Champignons mit dem Rest des Thymians und des Knoblauchs ebenfalls etwa

2 Minuten anbraten und mit Pfeffer und Salz abschmecken. Die Tomaten waschen und in Scheiben schneiden. Die Polenta in der Form damit belegen. Darauf die Zucchini und ganz obenauf die Pilze. Den Mozzarella in Scheiben schneiden und auf die Polentapizza legen. Im auf 200 °C vorgeheizten Backofen etwa 20 Minuten backen.

Dazu passt grüner oder Tomatensalat.

Tequila-Tortilla

Ein mexikanisch-spanisches Joint Venture.

Die Kartoffeln vorkochen und mehrere Stunden (oder über Nacht) ruhen lassen. Dann schälen und in maximal 1 cm dicke Scheiben oder Stifte schneiden.
Frühlingszwiebeln waschen, putzen und in Ringe schneiden, Knoblauch schälen und fein hacken. Kartoffeln, Zwiebeln und Knoblauch in Olivenöl bei mittlerer Hitze anbraten.
Die Eier mit Tequila, Salz und Pfeffer in einer großen Schüssel verquirlen, dann den Pfanneninhalt dazugeben und alles gut vermischen. Die Pfanne säubern (es darf nichts Angebranntes kleben bleiben) und etwas frisches Öl darin erhitzen. Die Tortillamasse hineingeben und bei reduzierter Hitze und mit einem Deckel drauf stocken lassen. Nach 6–8 Minuten die Tortilla mithilfe des Deckels oder eines großen Tellers wenden und weitere 5–6 Minuten fertig braten.

Schmeckt warm und kalt.

Für 4 Personen:

600 g Kartoffeln (vorw
gend fest kochend)
1 Bund Frühlings-
zwiebeln
2–3 Knoblauchzehen
Olivenöl
8 Eier
2 cl Tequila
Salz, Pfeffer

Tipp: Die Tortilla lässt sich beliebig aufhübschen, indem man etwa grünen Spargel, Pilze oder Paprika – oder nicht-vegetarisch Schinken oder Chorizo-Wurst mitbrät.

Auber-Gin-Auflauf

Ein von der Moussaka inspiriertes vegetarisches Hauptgericht, das auch als Beilage z. B. zu griechischen Fleischspießen serviert werden kann. Und ja, Ouzo würde auch gut dazu passen. Aber wir mochten einfach den Auber-Gin ...

Für 4 Personen:

2 mittelgroße Auberginen
Salz
3 EL Olivenöl
4 cl Gin
800 g Kartoffeln (mehlig kochend)
4 Tomaten
2 Knoblauchzehen
2 Schalotten
200 g Schafskäse
500 ml Milch
1 Ei
1 EL Oregano
Pfeffer

Die Auberginen waschen, die Strünke abschneiden. Die Auberginen in Scheiben schneiden und mit Salz bestreuen. Nach 15 Minuten die Flüssigkeit mit Küchenpapier abtupfen.
Die Hälfte des Olivenöls in einer Pfanne erhitzen. Die Auberginenscheiben darin goldgelb anbraten. Dann herausnehmen, auf einen Teller legen und mit dem Gin beträufeln. 30 Minuten marinieren lassen.
Kartoffeln schälen und in dünne Scheiben schneiden, Die Tomaten ebenfalls in Scheiben schneiden. Knoblauch und Schalotten fein hacken.
Eine Auflaufform mit dem restlichen Olivenöl fetten und die Kartoffel-, Tomaten- und Auberginenscheiben schuppenförmig darin aufschichten. Während des Schichtens Schalotten und Knoblauch einstreuen. Den Schafskäse fein zerbröckeln. Zusammen mit der Milch, dem Ei, Oregano und Pfeffer verquirlen und über den Auflauf gießen. Im vorgeheizten Ofen bei 180 °C 40–60 Minuten backen.

Tipp: Die Garzeit variiert stark, je nach Kartoffeln, Auflaufform und Herd. Nach etwa 40 Minuten immer wieder mit einer Gabel in die Kartoffeln stechen. Wird der Auflauf zu braun, während die Kartoffeln noch nicht gar sind, einfach mit einem Stück Alufolie abdecken. Bleibt er zu blass, kann man gegen Ende der Garzeit die Temperatur erhöhen und/oder auf Oberhitze schalten.

Möhren-Gin-Curry

Unser Stamm-Thai zu Studienzeiten schenkte einen Gin aus, der »Paradise« hieß und aus Indien kam. Für dieses vegetarische Curry tut es aber auch einer mit weniger himmlischem Namen.

Für 4 Personen:

500 g Möhren
2 rote Paprikaschoten
500 g Kartoffeln
60 g frischer Ingwer
2 EL Öl (z. B. Raps)
2 EL Currypulver
4 Frühlingszwiebeln
½ frische Ananas
800 ml ungesüßte Kokosmilch
4 cl Gin
Salz, Pfeffer
6 Stängel frischer Koriander

Die Möhren schälen und in Scheiben schneiden. Die Paprika waschen, putzen, halbieren und in kleine Stücke schneiden. Die Kartoffeln schälen und würfeln. Den Ingwer schälen und fein hacken.
Das Öl in einem großen Topf erhitzen und das Gemüse darin anbraten. Dann den Ingwer dazu. Das Currypulver einrühren. Mit etwa 400 ml Wasser aufgießen und zugedeckt 10–15 Minuten köcheln lassen.
Die Frühlingszwiebeln waschen, putzen und in Ringe schneiden. Die Ananas schälen, den harten Mittelstrunk entfernen und die Frucht in Würfel schneiden. Beides zum Gemüse geben und etwa 5 Minuten garen lassen.
Die Kokosmilch und den Gin einrühren und kurz aufkochen lassen. Mit Salz und Pfeffer abschmecken. Den Koriander waschen, trocken tupfen, klein hacken und das Curry vor dem Servieren damit bestreuen.

Dazu passt Duftreis.

Hong Gaoliang (Rote Hirse)

Mit dem Film *Hong gao liang (Rotes Kornfeld)* gewann der chinesische Regisseur Zhang Yimou 1988 auf der Berlinale den Goldenen Bären und startete seine Weltkarriere. Der Hirseschnaps (Gaoliang Jiu) spielt im Film eine zentrale Rolle. So auch bei diesen Bratlingen, die wir dem Schauspieler Jiang Wen widmen, der in dem Film ein besonderes Gaoliang-Rezept kreiert.

Für 4 Personen:

2 Knoblauchzehen
1 Bund Frühlingszwiebeln
Olivenöl
200 ml Gemüsebrühe
200 ml passierte Tomaten
4 cl Gaoliang (Hirseschnaps)
1 TL gemahlene Chilis
150 g Hirse
2 Eier
Frischer Koriander
1 EL Sojasauce
evtl. Semmelbrösel

Knoblauch und Zwiebel sehr fein schneiden. In einem Topf in wenig Olivenöl leicht anbraten. Mit der Brühe ablöschen, Tomaten, Gaoliang und Chilis zugeben. Hirse mit kaltem Wasser gut waschen und abtropfen lassen. Dann in die kochende Tomatensauce geben. Etwa 10 Minuten köcheln, dann vom Herd nehmen und die Hirse ausquellen lassen.
Eier, gehacktes Koriandergrün und Sojasauce unter die Hirse. Mit feuchten Händen daraus Bratlinge formen. Ist der Teig zu flüssig, mit Semmelbröseln binden. In der Pfanne goldgelb von beiden Seiten backen.

Dazu passen Gemüse und/oder Salat in allen Variationen.

Ofenwurzeln

Damit kann man fleischlos glücklich werden.

Für 4 Personen:

750 g Knollensellerie
750 g Pastinaken
750 g Karotten
750 g Kartoffeln
6 EL Olivenöl
4 cl Weinbrand
grobes Meersalz

Das Gemüse putzen und in möglichst gleiche etwa 5 bis 6 cm große Stücke schneiden. Den Backofen auf 220 °C vorheizen.
Wenn der Ofen heiß ist, das Öl und den Weinbrand vermischen. Dann in die Saftpfanne geben und im Ofen erhitzen.
Das Gemüse ins heiße Öl legen und darin wenden, bis es gleichmäßig vom Öl-Weinbrand-Gemisch bedeckt ist. 20 Minuten backen lassen, danach die Hitze auf 160 °C herunterstellen.
Das Gemüse weitere 15–20 Minuten rösten, dabei einmal wenden.
Wenn das Gemüse gar ist, aus dem Ofen nehmen und auf Küchenpapier entfetten. Mit Meersalz bestreuen.

Dazu passt Kräuterquark.

Beilagen

Steckrübenpüree mit Whisky

»Neeps and Tatties«, also Rüben und Kartoffeln, waren in Schottland beliebte Beilagen, da sie preiswert waren und sogar in den rauen Highlands wuchsen. Wir bringen beides in einer Beilage zusammen.

Für 4 Personen:

500 g Steckrüben
250 g Kartoffeln
250 ml Milch
2 cl Whisky (z. B. ein sanfter Lowlands)
15 g Butter
1 Prise frisch gemahle[ne] Muskatnuss
Salz, Pfeffer

Die Rüben und die Kartoffeln schälen und in Stücke schneiden. In einen Topf mit Wasser geben und zugedeckt etwa 15–20 Minuten weich kochen.
Das Wasser abgießen. Mit einem Kartoffelstampfer das Gemüse zu Brei zerkleinern. Die Milch und den Whisky zusammen in einem Topf erhitzen und über das Püree gießen.
Die Butter auf das Püree setzen, Muskatnuss darüber reiben, salzen und pfeffern und alles gut verrühren.

Dazu würde das schottische Nationalgericht Haggis passen, mit Hafermehl vermischte, pürierte Schafsinnereien, die in einem Schafsmagen gekocht werden. Aber wir empfehlen ein Gulasch. Man muss es ja nicht übertreiben mit der Schottlandliebe.

Tipp: Das Kochwasser nicht wegschütten. Es kann als Grundlage für eine Suppe verwendet werden.

Pikante Zwetschgen-Knödel

Der klassische bayerische Semmelknödel als Beilage zum Braten erhält durch den Zwetschgenschnaps eine besondere Note.

Zutaten für 4 Personen (etwa 8 Knödel):

20 g Butter
1 Zwiebel
1 Bund Petersilie
6 altbackene Semmeln (Brötchen)
200 ml Milch
4 cl Zwetschgenschnaps
3 Eier
Salz, Pfeffer
evtl. etwas Mehl

Butter in der Pfanne erhitzen und die klein geschnittene Zwiebel darin anbraten, bis sie leicht Farbe annimmt. Petersilie kleinhacken und mit der Zwiebel verrühren. Pfanne vom Herd nehmen und etwas abkühlen lassen. Währenddessen die Semmeln quer halbieren und in dünne Scheiben schneiden. Milch in einem Topf leicht erwärmen. Semmeln in einer Schüssel mit der lauwarmen Milch übergießen, den Schnaps, die Eier und die Zwiebel mitsamt der Butter aus der Pfanne dazu, salzen, pfeffern und die Masse durch Rühren und Kneten gut vermischen – bei Bedarf mit etwas Mehl binden. Mit feuchten Händen Knödel formen und in kochendes Salzwasser geben. Das Wasser soll in der Folgezeit nur leicht köcheln. Die Knödel brauchen je nach Größe zwischen 12 und 20 Minuten (auf alle Fälle müssen sie an die Oberfläche gestiegen sein), dann sind sie fertig.

Kümmel-Röstitaler

Kümmel passt gut zu Rösti. Da kommt er normalerweise ins Kochwasser der Kartoffeln. Wir geben ihn in konzentriert-flüssiger Form beim Braten dazu.

Für 4 Personen:

800 g fest kochende Kartoffeln
Salz
Butterschmalz oder Öl zum Anbraten
8 cl Kümmelschnaps
Pfeffer

Kartoffeln in der Schale schon am Vortag kochen, aber nicht zu weich (sodass man sie gerade mit der Gabel anstechen kann). Abgießen und offen stehen lassen, damit sie ausdampfen.
Am nächsten Tag die Kartoffeln pellen und grob raspeln. Mit Salz vermischen. Die Masse in acht Portionen teilen. Nacheinander in heißem Fett ausbacken. Dabei die Kartoffelmasse mit einem Pfannenwender flach drücken und in eine möglichst runde Form bringen. Die Röstitaler jeweils mit Kümmelschnaps aus einem halbvollen kleinen Schnapsglas gleichmäßig beträufeln und pfeffern. Wenn der Boden goldbraun gebacken ist, die Rösti wenden – am besten mit Hilfe eines Tellers.

Tipp: Wenn man Kartoffeln unmittelbar nach dem Kochen weiterverarbeitet, werden sie bröselig, zerfallen leicht und nehmen sehr viel Fett auf. Nach dem Auskühlen über Nacht sind sie dagegen wieder schön schnittfest und wachsweich. Das ist nicht nur für Rösti wichtig, sondern auch für Bratkartoffeln und Kartoffelsalat.

Raki-Reis

Eine Beilage für orientalische Menüs. Schmeckt aber auch solo.

Den Reis waschen. Die Zwiebel schälen und fein würfeln. In einem Topf Butter erhitzen und die Zwiebel darin glasig dünsten. Kardamom, Gewürznelken und die in Stücke gebrochene Zimtstange mit anschwitzen. Dann den Reis dazu und alles kurz unter Rühren anbraten.
½ l Wasser mit Tomatenmark vermischen und mit dem Raki zum Reis geben. Er sollte knapp mit Wasser bedeckt sein, wenn nötig, noch etwas zugießen. Die Chilischote waschen, den Strunk abschneiden, entkernen und dazugeben. Mit Salz und gemahlenem Kreuzkümmel würzen.
Das Wasser einmal aufkochen lassen, den Reis danach bei ganz kleiner Flamme und offenem Topf ziehen lassen, bis kein Wasser mehr im Topf ist.

Passt zu kurz gebratenem Lamm oder Fisch.

Für 4 Personen:

250 g Reis
1 Zwiebel
Butter zum Braten
5 Kardamomkapseln
4 Gewürznelken
1 Stange Zimt
6 EL Tomatenmark
4 cl Raki
1 Chilischote
Salz
½ TL gemahlener Kreuzkümmel

Grappa-Risotto

Ein guter Begleiter zu Fleisch, der solo ein vegetarisches Hauptgericht abgibt - notfalls die Portion verdoppeln.

Die Zwiebel schälen und fein würfeln. Das Öl erhitzen und die Zwiebel andünsten. Wenn sie glasig wird, den Reis dazugeben und ebenfalls glasig dünsten. Etwa 125 ml Brühe dazu gießen und unter Rühren verdampfen lassen. Nach und nach den Rest der Brühe und den Grappa zugießen, dabei oft umrühren. Nach etwa 20 Minuten, wenn der Reis die Flüssigkeit fast vollständig aufgesogen hat, die Safranfäden unterrühren.
Den Parmesan reiben. Die Hälfte davon mit der Butter unter den Reis rühren. Mit Salz und Pfeffer würzen. Den restlichen Käse vor dem Servieren auf das Risotto streuen.

Für 4 Personen:

1 Zwiebel
3 EL Olivenöl
200 g Risottoreis
¾ l Gemüsebrühe
8 cl Grappa
1 Päckchen Safran
40 g Parmesan
30 g Butter
Salz, Pfeffer

Gnocchi

Nur ein Hauch Grappa sorgt hier für das gewisse Etwas.

Die Kartoffeln kochen, bis sie gar sind, aber nicht zerfallen. Sofort pellen und durch eine Kartoffelpresse drücken. Den Kartoffelschnee zügig mit dem Mehl, dem Grieß und dem Grappa sowie 1 Prise Salz zu einem glatten Teig verarbeiten. Wenn der Teig zu feucht ist, noch etwas Mehl hinzufügen. Den Teig ruhen lassen.
Aus dem Teig etwa 3 cm dicke Rollen formen. Davon etwa 3 cm dicke Stücke abschneiden und zu ovalen Klößchen formen. Mit einer Gabel in jedes Klößchen Rillen drücken.
In einem großen Topf Wasser zum Kochen bringen und salzen. Hitze zurückdrehen und die Gnocchi ins Wasser geben. Es sollte nicht mehr kochen. Wenn die Gnocchi oben schwimmen, sind sie gar.

Sie passen als Beilage zu allen Fleischgerichten, schmecken aber auch mit Pesto oder Tomatensauce gut.

Für 4 Personen:

1 kg Kartoffeln
500 g Mehl
100 g Grieß
2 cl Grappa
Salz

Blaukraut

> »Die besten Vergrößerung
> gläser für die Freuden dies
> Welt sind jene, aus denen
> man trinkt.«
> *Joachim Ringelna*

Die Gemüsebeilage ist bei uns doppelt blau. Erstens durch die Farbe, die der Rotkohl beim Kochen annimmt, zweitens durch den Schuss Schnaps. Letzterer macht sich wiederum doppelt nützlich. Erstens hilft er beim Erhalten der Farbe des Kohls, zweitens unterstreicht er den Geschmack.

Für 4 Personen:

1 kg Rotkohl
1 Zwiebel
100 g Butter oder Schmalz
400 ml Apfelsaft
6 cl Gin
3 EL Balsamico
4 Nelken
5 Wacholderbeeren
4 Körner Piment
3 Lorbeerblätter
2 TL Zucker
1 Orange
Pfeffer, Salz

Den Rotkohl putzen, halbieren und den Strunk herausschneiden. Danach mit einem Gemüsehobel raspeln. Die Zwiebel schälen und fein würfeln. Die Butter in einem großen Topf zerlassen und die Zwiebel darin kurz anschwitzen. Den gehobelten Rotkohl dazugeben und gut mit anschwitzen. Mit Apfelsaft ablöschen, den Gin, den Balsamico, die Gewürze und den Zucker dazugeben. Umrühren und im geschlossenen Topf etwa 30–40 Minuten köcheln lassen. Dabei ab und zu umrühren.
Die Orange auspressen und den Saft gegen Ende der Garzeit dazugeben. Mit Pfeffer und Salz abschmecken.

Passt zu allen Sonn- und Wochentagsbraten.

Champignons au Cognac

Freunde hatten uns den Cognac aus Frankreich mitgebracht. Das Rezept funktioniert aber auch mit anderen Weinbränden.

Die Zwiebel schälen und in feine Würfel schneiden. Den Knoblauch schälen und fein hacken. Die Champignons in Scheiben schneiden.
Butter und Öl in einem großen Topf erhitzen, die Zwiebelwürfel dazugeben und zugedeckt etwa 3 Minuten glasig andünsten. Dann den Knoblauch und die Pilze dazu und alles im offenen Topf 5–10 Minuten dünsten, bis die Pilze weich sind.
Mit der Gemüsebrühe aufgießen und aufkochen lassen. Danach noch etwa 10 Minuten köcheln lassen. Von der Hitze nehmen und die Sahne, den Cognac und den Käse einrühren. Alles mit dem Pürierstab pürieren und mit Salz und Pfeffer abschmecken.
Vor dem Servieren nochmals kurz erhitzen. Achtung: Nicht aufkochen lassen! Die Suppe in Schalen füllen und mit der zerpflückten Petersilie garnieren.

Für 4 Personen:

- 1 Zwiebel
- 1 Knoblauchzehe
- 500 g Champignons
- 15 g Butter
- 1 EL Olivenöl
- 600 ml Gemüsebrühe
- 150 ml Schlagsahne
- 4 cl Cognac
- 90 g geriebener Greyerzer
- Salz, Pfeffer
- 3 Stängel Petersilie

Tipp: Die Gemüsebrühe kann auch durch Wasser ersetzt werden, dann kommt der Geschmack der Champignons stärker raus.

Grillpilz mit Schuss

Geht ganz einfach und mit sehr vielen Schnaps-Sorten. Nur Single Malt-Whisky hatte uns für dieses Gericht einen zu starken Eigengeschmack.

Für 4 Personen:

8 große Champignons
4 cl Schnaps (z. B. Korn, Aquavit oder Cognac)
150 g Kräuterfrischkäse

Die Pilzstiele abschneiden und fein hacken. Den Schnaps erhitzen, aber nicht kochen lassen. Leicht abkühlen lassen und in einer Schüssel mit den gehackten Pilzstielen und dem Frischkäse verrühren.
Die Schnaps-Pilz-Frischkäsemischung in die Pilzkappen streichen. Die gefüllten Pilze etwa 10 Minuten grillen.

Cognac-Bohnen im Speckmantel

Für 4 Personen:

600 g frische grüne Stangenbohnen
1 Bund Bohnenkraut
Salz
10–12 Scheiben Bacon
2 Schalotten
1 EL Butter
2 cl Cognac (oder Weinbrand)
1 EL Balsamico

Bohnen putzen, Enden abschneiden. Die Bohnen mit dem Bohnenkraut in Salzwasser bissfest kochen (etwa 10 Minuten). Vorsichtig abgießen und die Bohnen portionsweise in Bacon einwickeln.
Schalotten schälen und sehr fein schneiden. In einer feuerfesten Pfanne Butter zerlassen und die Schalotten darin glasig anbraten. Die Bohnenbündel dazugeben. Mit Cognac und Balsamico ablöschen. Die Pfanne für etwa 5 Minuten in den 200 °C heißen Ofen stellen. Die Bohnen nach 2–3 Minuten vorsichtig wenden.

Fagioli in Tomaten-Grappa-Creme

Die Idee kam uns durch eine toskanische Zuppa Volterrana aus der ARTE-Reihe *Zu Tisch in …* . Wir machen's etwas einfacher und als Beilage, z. B. zu Hackfleischröllchen oder frittierten Auberginen.

Bohnen nach Packungsanleitung über Nacht einweichen und am nächsten Tag in ungesalzenem Wasser kochen. Das kann zwischen 1 und 2 Stunden dauern. Die Bohnen müssen auch noch nicht ganz weich sein, da sie noch in der Tomatensauce mitköcheln.
Zwiebel schälen, Sellerie putzen, beides sehr fein würfeln und zusammen mit den Salbeiblättern in Olivenöl anbraten. Mit den passierten Tomaten aufgießen. Knoblauch schälen, schneiden und mit der breiten Seite einer Messerklinge andrücken, Rosmarinblätter abzupfen, hacken und beides in die Sauce geben. Köcheln lassen, bis die Bohnen fertig sind. Die Bohnen abgießen und ¾ davon direkt in die Tomatensauce geben, das restliche Viertel in die Sauce passieren – das macht sie ohne Einsatz von Bindemitteln schön sämig. Noch 20–30 Minuten ganz leicht köcheln und ziehen lassen. Erst kurz vor Schluss den Grappa einrühren und mit Salz und Pfeffer abschmecken.

Für 4 Personen:

- 250 g getrocknete weiße Bohnen (Fagioli)
- 1 Zwiebel
- 100 g Sellerie
- 4–5 Salbeiblätter
- Olivenöl
- 500 g passierte Tomaten
- 1 Knoblauchzehe
- 1 Zweig Rosmarin
- 3–4 cl Grappa
- Salz, Pfeffer

Tipp: Wenn's schnell gehen soll, dürfen es natürlich auch Bohnen aus der Dose sein.

Grappa-Möhrchen

Fürs Antipasti-Büffett oder als Beilage zu kurzgebratenem Fleisch.

Die Möhren schälen, dabei etwas Blattansatz stehen lassen. Das restliche Grün abschneiden. Einen breiten Topf etwa 2 Finger breit mit Wasser füllen. Das Wasser zum Kochen bringen, Salz, Zucker und Möhren hinein. Etwa 6–8 Minuten kochen lassen. Dann die Möhren herausheben, mit sehr kaltem Wasser abschrecken, abtropfen lassen und auf eine Platte legen.
Die Orange wie einen Apfel mit dem Sparschäler schälen. Die weiße Haut muss vollständig entfernt werden. Die Spalten aus den Trennhäuten herauslösen, dabei den Saft auffangen. Die Chilischote waschen, längs halbieren und die Kerne entfernen. Danach fein würfeln. Die Frühlingszwiebeln putzen, waschen und in Ringe schneiden. Die Pinienkerne in einer Pfanne ohne Fett goldbraun anrösten.
Den Orangensaft mit dem Honig und dem Grappa in einem kleinen Topf unter Rühren aufkochen. Die Frühlingszwiebeln und das Öl dazu, nochmals 2–3 Minuten kochen lassen. Dann vom Herd nehmen, salzen und pfeffern. Den Sud über die Möhren gießen. Die Orangenspalten und die Pinienkerne darübergeben. Zudecken und 1–2 Stunden marinieren lassen, fertig.

Für 4 Personen:

½ Bund Möhren m
Grün (etwa 250 g
1 Prise Salz
1 TL Zucker
1 Orange
½ rote Chilischote
2 Frühlingszwiebel
15 g Pinienkerne
1 EL Honig
2 cl Grappa
3 EL Olivenöl
Salz, Pfeffer

Schwarzwurzeln mit Korn

Als wir mal wieder völlig entnervt vor einem zu schälenden Berg Schwarzwurzeln für das Weihnachtsfest der ziemlich großen Familie Dicker saßen, wollten wir unseren Frust mit Alkohol bekämpfen. Da der aber nicht gut für die Feinmotorik ist (das Schälmesser! Die Finger!!), verwendeten wir ihn lieber zum Kochen.

Für 4 Personen:

1 unbehandelte Zitrone
6 cl Korn
700 g Schwarzwurzeln
Salz
4 Stängel glatte Petersilie
3 EL Olivenöl
Pfeffer

Von der Schale der Zitrone feine Streifen abziehen. Dann die Zitrone auspressen und den Saft in einer großen tiefen Pfanne zu etwas kaltem Wasser geben. Den Korn dazugeben.
Die Schwarzwurzeln schälen, in 10–12 cm lange Stücke schneiden und sofort ins Zitronen-Schnapswasser in die Pfanne geben. Das Zitronenwasser etwas salzen. Die Schwarzwurzeln darin etwa 20–25 Minuten kochen. Danach abgießen und abtropfen lassen. Die Petersilie waschen, trocken schütteln und hacken.
Die Pfanne trocken reiben. Dann das Olivenöl und die Zitronenschale darin erhitzen. Die Schwarzwurzeln dazugeben und 5–6 Minuten bei mittlerer Hitze braten. Kurz bevor sie fertig gebraten sind, die Petersilie dazu. Mit Salz und Pfeffer abschmecken und gut durchmischen.

Ein Wintergemüse, das sich nicht nur an Weihnachten gut macht.

Tipp: Am besten jede geschälte Schwarzwurzel sofort schneiden und in das Zitronen-Schnapswasser geben. Dann läuft sie nicht dunkel an. Zitronensaft hilft übrigens auch gegen die schmutzigen Finger, die man sich beim Schälen von Schwarzwurzeln unweigerlich holt.

Geistreiche Zwiebeln

Die gab's mal auf einer Journalistenreise durch Umbrien, bei der die Teilnehmer mit Schokolade aus Perugia überversorgt wurden. Die Ofenzwiebelchen waren da ein willkommenes pikantes Gegengewicht.

Für 4 Personen:

8 kleine Zwiebeln (weiß, gelb oder rot)
4 cl Grappa
Salz
4 EL Olivenöl

Die Zwiebeln schälen, dabei den Wurzelansatz und die Spitze nicht wegschneiden. In einem kleinen Topf etwa ½ Liter Wasser und den Grappa aufkochen. Die Zwiebeln hineinsetzen, salzen und etwa 6–8 Minuten vorgaren. Dann das Wasser abgießen und die Zwiebeln abtropfen lassen.
In eine feuerfeste Form setzen, mit Olivenöl beträufeln und salzen. Im auf 200 °C vorgeheizten Backofen etwa 30 Minuten backen. Im ausgeschalteten Backofen bei geöffneter Tür noch 10–15 Minuten ruhen lassen.

Ein kleiner Imbiss zum Wein, den man mit den Fingern essen kann, oder eine schnelle Beilage zu kurzgebratenem Fleisch.

»Bier und Schnaps – die Getränke der Völker, denen Nebel und Regen vertraut sind.«

Heinrich Heine

Scharfe Ananas

Auch diese Köstlichkeit hat Gudrun Schury für uns in der Karibik aufgepickt. Ihr zuliebe zündeln ... äh, flambieren wir auch ausnahmsweise genau ein Mal in diesem Buch

Ananas schälen und in fingerdicke Scheiben schneiden. Die Scheiben vierteln und die holzige Mitte entfernen.
Chilischoten entkernen und sehr fein schneiden. Öl und Honig mit Kardamom und den Chilis gut verrühren und die Ananas damit bestreichen. Die Ananasstücke in einer Grillpfanne oder im 200 °C heißen Ofen etwa 10 Minuten grillen. Zum Schluss mit dem Rum übergießen und flambieren.

Für 4 Personen:

1 Ananas
2 rote Chilischoten
3 TL Sonnenblumenöl
2 TL Honig
1 Messerspitze Kardamom
5 cl brauner Rum

Das Glas macht's

Überraschung: Mit Schnaps lässt sich nicht nur kochen, man kann ihn auch trinken! Allerdings nicht einfach so. Hochwertige Spirituosen (und nur solche sollte man ins Essen und in Menschen lassen) schmecken aus dem richtigen Zubehör besser. Beim Wein gibt es mittlerweile Kollektionen nicht nur mit Gläsern für Rot- oder Weißwein, sondern mit Spezial-Behältnissen für Bordeaux oder Beaujolais Primeur. So weit geht's beim Hochprozentigeren zum Glück nicht. Ein paar Glasformen reichen aus, um die wichtigsten Schnäpse stilvoll zu genießen. Das klassische 2 cl-Stamperl, aus dem etwa der Brandner Kaspar dem Tod seinen Kirschgeist kredenzt, ist zwar praktisch, wenn man beispielsweise beim Kochen hochalkoholische Zutaten abmessen will, kommt aber für anspruchsvolle Aperitif- oder Digestif-Runden eher nicht infrage. Wir haben diese vier Glassorten im Schrank:

Für Brände und Geiste ein kleines Stielglas mit bauchigem Kelch, der sich nach oben verjüngt. Diese Verjüngung (Kamin) genannt, sorgt dafür, dass das jeweilige Aroma ohne störenden Alkoholgeruch in die Nase dringen kann.

Ein klassisches Cognacglas.

Für Whisk(e)y haben wir uns seit einiger Zeit für ein weniger bauchiges Kelchglas mit kurzem Stiel und relativ schmaler Öffnung entschieden. In dieser Form kann der Whisky, den wir niemals mit Eis, sondern immer nur handwarm trinken, mit den Handinnenflächen erwärmt werden. Im Kelch entfaltet er seine Aromen, durch den Kamin gibt er sie allmählich frei.

Für Wodka, Korn, Kümmel, Ouzo und Co. ein schmales, gerades Glas mit dickem Boden.

Noch ein Wort zur Trinktemperatur: Ein edler Obst-Brand, Grappa, Whisky, Cognac oder Rum sollten keinesfalls zu kalt serviert werden. Ideal ist eine Temperatur um 18 °C. Korn, Kümmel oder Wodka werden dagegen durchaus auch eisgekühlt serviert, um sich im Glas dann leicht zu erwärmen. Generell gilt: Wird ein Schnaps zu warm, schmeckt er weniger markant. Außerdem bemerkt man jeden Fehler. Ist er zu kalt, entfaltet er sein Aroma nicht richtig. Durch niedrige Trinktemperaturen lässt sich schlechte Qualität verbergen. Aber die kommt uns sowieso nicht ins Glas und in den Topf.

Nachspeisen und Süßes

Apfelbrand-Granita

Wir waren mit Freunden in der Rhön unterwegs und landeten in Bischofsheim. Dort übernachteten wir bei *Dickas*, einem Brennerei-Gasthof mit Slow-Food-Küche und einer gefühlt 20 m langen Schnapskarte. Die Granita ist eine Hommage an den Rhöner Apfelbrand.

Für 4 Personen:

- **3 große Äpfel**
- **50 g brauner Zucker**
- **5 Zweige Zitronenthymian (wahlweise geht auch normaler)**
- **4 EL Apfelbrand**
- **blühende Thymianzweige zum Garnieren**

Die Äpfel schälen, vierteln, das Gehäuse herausschneiden und in Stücke zerkleinern. Die Stücke in einen Topf geben und 6 Esslöffel Wasser dazugeben. Bei niedriger Hitze köcheln lassen, bis sie zerfallen. Von der Hitze nehmen und abkühlen lassen.
200 ml Wasser erhitzen. Wenn es kocht, den Zucker einrühren, bis er sich aufgelöst hat. Die Thymianzweige dazugeben und alles etwa 5 Minuten köcheln lassen. Die Hitze abstellen und den Apfelbrand einrühren. Die Thymianzweige herausnehmen. Thymiansirup und Apfelmus kalt stellen.
Thymiansirup und Apfelsirup vermischen. In eine Metallschüssel füllen und diese ins Gefrierfach stellen. Während der nächsten 3 Stunden die Mischung vier- bis fünfmal durchrühren und danach wieder ins Gefrierfach zurückgeben.
Die angefrorene Granita portionsweise in Dessertschalen füllen, mit Thymianzweigen garnieren und sofort servieren.

Tipp: Am besten schmeckt die Granita mit säuerlichen Äpfeln wie Boskop oder Cox Orange.

Gin-taloupe

Statt Cantaloupe-Melonen kann man für diesen leichten Nachtisch auch Honig- oder Galia-Melonen nehmen.

Zitronensaft und Zucker in einen kleinen Topf geben und mit 50 ml Wasser auffüllen. Zum Kochen bringen, dabei häufig umrühren. 5 Minuten sprudelnd kochen lassen, danach vom Herd nehmen und abkühlen lassen. Die Melone halbieren, die Kerne entfernen. Das Fruchtfleisch mit einem Kugelausstecher herausheben. In einer Schüssel mit dem Zitronensirup und dem Gin vorsichtig mischen. 3 Stunden im Kühlschrank marinieren. Die Zitronenverbene waschen, trocknen, grob hacken und zur Melone geben. Alles mit dem Sirup in vier Sektschalen verteilen. Mit dem Prosecco auffüllen.

Für 4 Personen:

2 EL Zitronensaft
75 g Zucker
1 Cantaloupe-Melone (etwa 1,5 kg)
4 cl Gin
8 Blätter Zitronenverbene oder Zitronenmelisse
500 ml Prosecco

Tipp: Beim Kauf von Melonen darauf achten, dass die Schale unbeschädigt ist. Außerdem sollte man einmal kräftig schnuppern: Reife Melonen riechen aromatisch.

Himbeergeist-Smoothie

Da wir die Früchte unserer Himbeerhecke fast immer direkt vom Strauch naschen, nehmen wir für diesen Nachtisch Tiefkühlbeeren und nur ein paar frische zum Verzieren.

Die gefrorenen Himbeeren mit dem Stabmixer pürieren. Den Joghurt löffelweise dazugeben, danach die Sahne und den Himbeergeist untermischen. Puderzucker einrühren, alles in vier Gläser füllen und mit frischen Himbeeren garnieren.

Das passt auch gut zu Vanilleeis oder frischen Waffeln.

Für 4 Personen:

250 g TK-Himbeeren
300 g Magermilchjoghurt
200 g Sahne
4cl Himbeergeist
80 g Puderzucker
frische Himbeeren zum Verzieren

Tris de Promille mit Stachelbeeren

Beim Alkohol, heißt es, sollte man bei einer Sorte bleiben. Bei diesem Sorbet halten wir uns nicht an diese Maxime. Schädelweh hat es uns trotzdem nicht verursacht.

Für 4 Personen:

50 ml trockener Weißwein
100 g Puderzucker
350 g Stachelbeeren
2 cl Whisky
1 Flasche Sekt

Den Wein mit 70 ml Wasser und dem Puderzucker in einen Topf geben und etwa 2 Minuten kochen lassen. Dann von der Hitze nehmen und abkühlen lassen.
Die Stachelbeeren putzen, waschen und mit dem Stabmixer pürieren. Durch ein Sieb streichen. Danach mit dem Weinsirup und dem Whisky verrühren. In eine Edelstahlschüssel füllen und für mindestens vier Stunden ins Gefrierfach stellen. Immer wieder mit einer Gabel durchrühren, damit das Sorbet nicht zu fest wird.
Wenn das Sorbet gefroren ist, mit einem Eisportionierer Kugeln ausstechen, in hohe Sektgläser geben und mit dem Sekt auffüllen.

Tipp: Wenn Sekt in der Flasche übrig bleibt, verschließen wir sie mit einem Korken, der kleiner ist als der Originalkorken. Im Kühlschrank aufbewahrt, ist er auch am nächsten Tag noch trinkbar.

»Ich bin für alles, was mi[illegible] durch die Nacht bringt, se[illegible] es ein Gedicht, Schlafmittel oder eine Flasche Jack Daniels.«

Frank Sinatr[illegible]

Mekhong-Mango

Mekhong-Whisky ist gar kein Whisky, sondern eine Art aromatisierter Rum. Wir essen ihn lieber, als wir ihn trinken.

Für 4 Personen:

2 Mangos
4 cl Mekhong-Whisky
1 EL Butter
Kokoschips zum Garnieren

Die Mangos schälen und das Fruchtfleisch vom Stein in etwa 1 cm dicke Spalten schneiden. Auf einen Teller legen und mit dem Mekhong-Whisky beträufeln. Mindestens 30 Minuten marinieren lassen. Die Butter in einer Grillpfanne erhitzen und die Mangospalten darin auf jeder Seite je etwa 3 Minuten anbraten.
Auf Tellern anrichten und mit Kokoschips bestreuen.

Dazu passt Vanille- oder Kokoseis.

Pfirsich pur

Ein schnelles Dessert, für das man nicht viele Zutaten braucht.

Für 4 Personen:

400 g Vollfettjoghurt (griechischer oder türkischer)
4 Pfirsiche
4 cl Pfirsichschnaps
4 EL Honig
Meersalz

Den Joghurt auf vier Dessertschalen verteilen. Die Pfirsiche schälen, entkernen und klein schneiden. Die Pfirsichstücke auf den Joghurt legen und mit dem Schnaps und dem Honig beträufeln. Zum Schluss 1 Prise Meersalz darüber.

Tipp: Wer keinen Pfirsichschnaps bekommt, kann auch einen Marillenschnaps nehmen. Dann tauft man das Dessert einfach »Pfirsich-Marillen-Duett«.

Ouzo-Feigen

Auf der Schnapskarte unseres Stammgriechen gibt's das als Getränk. Als Nachspeise finden wir die Kombination besser.

Eine Orange abspülen und ihre Schale mit einem Sparschäler abschälen. Die Schalenstücke in feine Streifen schneiden. Den Saft aller Orangen auspressen.
Den Zucker bei niedriger Hitze in einem breiten Topf karamellisieren. Wenn er hellbraun ist, den Orangensaft und den Ouzo dazugießen. Achtung: Es kann spritzen. Kochen lassen, bis sich der Zucker gelöst hat. Dann die Zimtstange, die Nelken und die Orangenschale dazugeben.
Die Feigen abspülen, halbieren und in den Sud legen. Bei niedriger Hitze 5 Minuten ziehen lassen. Hitze abdrehen und im Sud abkühlen lassen.

Dazu passt Walnuss- oder Vanilleeis.

Für 4 Personen:

3 unbehandelte Orangen
75 g Zucker
125 ml Ouzo
½ Zimtstange
4 Nelken
4 frische Feigen

Tipp: Mit einem Zestenreiber kann man ganz einfach feine Streifen aus der Schale von Zitrusfrüchten holen. Das Klein-Schneiden spart man sich dadurch.

Cognac-Grapefruit

Heimwerker werden diesen Nachtisch lieben, weil man dafür einen Bunsenbrenner braucht. Man kann sich aber auch einen Crème-brûlée-Brenner anschaffen. Klingt schicker, aber der Effekt ist der gleiche.

Die Crème fraîche mit dem Cognac und dem Honig verrühren. Die Grapefruits mit einem Messer so schälen, dass die weiße Haut komplett weg ist. Die Fruchtspalten aus den Trennhäuten schneiden, in ein Sieb geben und den Saft auffangen. Einen Esslöffel vom Saft unter die Crème fraîche rühren. Den Zucker auf einen Teller geben. Eine Seite der Grapefruitspalten hineindrücken. Die Spalten mit der Zuckerseite nach oben auf ein Backblech legen und mit einem Bunsenbrenner karamellisieren.

Die Spalten mit der Karamellseite nach oben auf vier Tellern anrichten. Die Crème fraîche darübergeben und mit dem rosa Pfeffer garnieren.

Für 4 Personen:

150 g Crème fraîche
2 cl Cognac
2 EL Honig
4 rosa Grapefruits
150 g brauner Zucker
1 TL rosa Pfeffer

Tipp: Wenn der Honig nicht flüssig genug ist, muss das Glas einfach ins warme Wasserbad. Es hilft auch, ihn nicht im Kühlschrank aufzubewahren.

Brandarinen

Schnell, günstig, nicht zu süß – was will man mehr.

Die Mandarinen abtropfen lassen. Fünf Spalten zum Dekorieren beiseite legen. Den Saft auffangen und mit dem Weinbrand vermischen.
Die Sahne mit dem Sahnesteif sehr steif schlagen. Schmand, Joghurt und Mandarinen mit dem Handrührgerät kurz verrühren, die Sahne unterheben. Die Hälfte des Saftes unterziehen. Die Löffelbiskuits mit dem übrigen Saft beträufeln. Den Boden einer flachen Schüssel mit Biskuits auslegen. Darauf eine Schicht Creme geben. So weitermachen, bis alles aufgebraucht ist. Die letzte Schicht sollte Creme sein. Mit den beiseite gelegten Mandarinen garnieren. Vor dem Servieren mindestens eine halbe Stunde kühl stellen.

Für 4 Personen:

1 Dose Mandarinen (Abtropfgewicht 175 g)
4 cl Weinbrand
100 ml Sahne
1 TL Sahnesteif
100 g Schmand
100 g Joghurt
100 g Löffelbiskuits

Holler-Mousse

Hier bringen wir Frühjahr (die Holunderblüten), Sommer (die Erdbeeren) und Herbst (der Brand aus Holunderbeeren) zusammen.

Die Schokolade über einem Wasserbad schmelzen und leicht abkühlen lassen. Dann mit dem Mascarpone, dem Quark, dem Sirup und dem Holunderbrand verrühren.
Die Gelatine in kaltem Wasser einweichen. Ausdrücken, zusammen mit 1 Esslöffel Sirup in eine Schüssel geben und über einem Wasserbad auflösen. Dann zügig unter die Schoko-Mascarpone-Masse rühren. Alles kühl stellen.
Die Sahne steif schlagen und vorsichtig unter die gelierende Masse rühren. Dann nochmals 2–3 Stunden kalt stellen.
Die Erdbeeren waschen und putzen. ⅔ der Beeren mit Zucker pürieren. Das Püree auf vier Teller verteilen. Aus der Holler-Mousse mit dem Esslöffel Nocken stechen und auf das Püree setzen. Mit den restlichen Erdbeeren garnieren.

Für 4 Personen:

90 g weiße Schokolade
125 g Mascarpone
125 g Magerquark
100 ml Holunderblütensirup
4 cl Holunderbrand
2 Blatt weiße Gelatine
1 EL Holunderblütensirup
200 g Sahne
500 g Erdbeeren
2 EL Zucker

Tipp: Wenn man keinen Holunderbrand findet, tun es auch ein Zwetschgenwasser oder ein Schlehengeist.

Karamell-Panna-Cotta

Oben knackig, unten cremig, rundum mit Schuss.

Für 4 Personen:

Für das Karamell:
75 g Zucker
1 EL Rum
25 g Mandelblättchen
40 g Butter
Butter für die Form

Für die Panna Cotta:
4 Blatt weiße Gelatine
1 Vanilleschote
250 ml Sahne
20 g Zucker
1 EL Rum

Für das Krokant Zucker und Rum in eine Pfanne geben und erhitzen. Wenn der Zucker anfängt, braun zu werden, Mandelblättchen und Butter dazugeben. Alles gut verrühren und in einer ausgebutterten Form verteilen.
Für die Panna Cotta die Gelatine auf einem tiefen Teller in etwas kaltem Wasser einweichen. Die Vanilleschote längs halbieren und das Mark herauskratzen. Mark und die Schote in einen kleinen Topf geben, Sahne und Zucker dazugeben. Alles verrühren und aufkochen lassen. Den Topf vom Herd nehmen. Die Vanilleschote herausfischen. Die Gelatine ausdrücken und mit dem Rum unter die Sahne rühren, bis sich die Gelatine vollständig aufgelöst hat. Die Masse durch ein feines Sieb in die Form streichen. Im Kühlschrank mindestens eineinhalb Stunden erkalten lassen.
Wenn die Panna Cotta vollständig fest geworden ist, kann die Form gestürzt werden, vorher mit einem spitzen Messer den Rand lösen.

Dazu passen frische Früchte wie Erd- oder Himbeeren, aber auch Orangenscheiben.

Tipp: Am besten nimmt man für die Panna Cotta eine flache Auflaufform aus Glas. Man kann sie aber auch gleich portionsweise in flachen Schälchen zubereiten.

Guinness-Pudding mit Whiskey-Sauce

Whiskey heißt es, weil das Rezept aus Irland stammt – bei einem schottischen wäre es natürlich Whisky.

Für 4 Personen:

Für den Pudding:
70 g Sultaninen
70 g Rosinen
70 g Korinthen
1 TL geriebene Schale einer unbehandelten Orange
1 EL Orangensaft
1 EL irischer Whiskey
70 ml Guinness
100 g Vollkornbrotkrumen
Butter für die Form
1 Ei
40 g Mehl
½ TL gemahlener Zimt
½ TL Backpulver

Für die Sauce:
40 g Butter
30 g brauner Zucker
2 EL Golden Syrup
1 EL Whiskey

Sultaninen, Rosinen, Korinthen und die Orangenschale in eine Schüssel geben. Den Orangensaft, den Whiskey und das Bier darüber gießen. Alles 24 Stunden stehen lassen.
Das Vollkornbrot zerkrümeln. Eine Puddingform fetten (alternativ geht auch eine Schüssel aus feuerfestem Glas). Die Brotkrumen mit der Sultaninen-&-Co.-Mischung vermengen. 5 Minuten stehen lassen.
Das Ei einrühren. Das Mehl sieben und ebenfalls einrühren, Zimt und Backpulver untermischen. Alles in die Puddingform füllen. Danach wird sie in einen Topf mit kochendem Wasser gestellt, wo der Pudding 2 Stunden zieht.
Aus dem Wasserbad nehmen und 15 Minuten kühlen lassen, dann stürzen.
Butter, Zucker und Sirup in einen Topf geben und bei mittlerer Hitze rühren, bis der Zucker sich auflöst. 1 Minute kochen lassen und dann den Whiskey dazugeben. Durchrühren und über den heißen Pudding gießen.

Tipp: Golden Syrup wird in England, Schottland und Irland gerne zum Backen oder für Süßspeisen verwendet. Der Sirup, der aus Zuckerrohr hergestellt wird, ist in Deutschland nicht überall zu bekommen. Man kann ihn durch Zuckerrübensirup ersetzen.

Mohnschaum

Freunde von uns haben im österreichischen Weinviertel Mohnschnaps getrunken und uns netterweise ein Fläschchen mitgebracht. Wir bedanken uns mit dieser Nachspeise.

Für 4 Personen:

250 g Vanillequark
35 g Mohnback
4 cl Mohnschnaps
1 ½ Blatt weiße Gelatine
10 ml Orangensaft
50 ml Schlagsahne
125 g TK-Erdbeeren
25 g Puderzucker

Den Quark mit dem Mohnback und dem Schnaps in einer Schüssel verrühren. Die Gelatine in kaltem Wasser einweichen. Den Orangensaft erwärmen. Die Gelatine gut ausdrücken und im warmen Saft auflösen. Alles schnell unter den Quark rühren.
Die Sahne steif schlagen und unter den Quark heben. Die Quarkmasse mindestens 6 Stunden kalt stellen.
Die aufgetauten Erdbeeren mit dem Puderzucker in ein hohes Rührgefäß geben und mit dem Stabmixer pürieren. Im Kühlschrank 1 Stunde kalt stellen.
Die Erdbeersauce auf vier Dessertschalen verteilen. Die Quarkmasse darauf verteilen und sofort servieren.

Tipp: Besonders schön sieht das Dessert aus, wenn der Quark mit einem Spritzbeutel auf der Sauce verteilt wird.

Edler Tropfen und Nuss

Die bekannten Pralinen brauchen Schokolade. Unser Krokant kommt ohne aus.

Für etwa 40 Stück:

200 g Nüsse (Mandeln, Hasel- oder Walnüsse, gerne auch gemischt)
500 g Zucker
12 cl Weinbrand
240 g Butter
160 g Mehl

Die Nüsse grob hacken. Zucker, Weinbrand und Butter in etwa 5 Minuten sirupartig einkochen lassen. Dann vom Herd nehmen und die gehackten Nüsse und das Mehl mit einem Schneebesen unterrühren.
Das Gemisch auf ein mit Backpapier ausgelegtes Blech streichen und im auf 200 °C vorgeheizten Ofen etwa 8 Minuten backen. Den Krokant in Stücke brechen, wenn er abgekühlt ist.

Macht sich als süße Knabberei zum Digestif gut, passt aber auch zu Eis.

Absinth-Trüffel

Das Lieblingsgetränk von Charles Baudelaire war lange Zeit verboten, weil man glaubte, dass ein Inhaltsstoff die Nerven schädige. Als man herausfand, dass eher die Menge des konsumierten Alkohols der Gesundheit abträglich war, durfte Absinth wieder verkauft werden. Unsere Trüffel schaden garantiert nur der Figur.

Für etwa 50 Stück:

200 g Halbbitter-Kuvertüre
250 g Vollmilch-Kuvertüre
150 ml Schlagsahne
30 g Zucker
150 g Butter
8 cl Absinth
200 g Puderzucker
200 g Kakao

Die Kuvertüre hacken und im Wasserbad schmelzen. Die Sahne mit dem Zucker aufkochen und unter die geschmolzene Kuvertüre rühren. Alles abkühlen lassen, bis die Creme zähflüssig ist. Die Butter mit dem Handrührer schaumig schlagen. Die abgekühlte Kuvertüre-Creme und den Absinth dazugeben und kurz weiterrühren. Die Rührschüssel abgedeckt 45 Minuten in den Kühlschrank stellen. Ein Backblech mit Backpapier auslegen. Den Puderzucker und den Kakao in einer Schüssel vermischen. Mit einem Teelöffel die Creme portionsweise ausstechen, mit den Händen zu Kugeln formen, in der Puderzucker-Kakao-Mischung wälzen und auf das Blech legen. Über Nacht kalt stellen.

Tipp: Wenn man die Trüffel kühl und dunkel aufbewahrt, halten sie sich zwei Wochen.

Zwetschgenpäckchen

Herbstgenuss mit Schuss.

Den Blätterteig antauen lassen, ausrollen und in sechs gleich große eckige Stücke schneiden. Die Zwetschgen waschen, abtrocknen, aufschneiden und den Stein entfernen. Das Marzipan mit dem Zwetschgenwasser verkneten. In sechs Stücke schneiden und daraus Kugeln formen. Die Zwetschgen mit den Marzipankugeln füllen und jeweils in die Mitte eines Blätterteigstücks setzen.

Die Mandeln in einer Pfanne ohne Fett rösten. Die gerösteten Mandeln über die Zwetschgen streuen. Die Teigecken einschlagen, sodass ein geschlossenes Päckchen entsteht. Das Eigelb mit der Sahne in einer Tasse verquirlen, die Nahtstellen des Päckchens damit bestreichen und sie fest zusammendrücken.

Die Zwetschgenpäckchen auf ein mit Backpapier ausgelegtes Blech setzen. Im auf 220 °C vorgeheizten Ofen etwa 20 Minuten backen.

Für 6 Stück:

- 1 Päckchen TK-Blätterteig
- 6 Zwetschgen
- 30 g Marzipanrohmasse
- 4 cl Zwetschgenwasser
- 4 EL geriebene Mandeln
- 1 Eigelb
- 2 EL Sahne

Calvados-Tarte

Die schmeckt natürlich auch mit einem nicht-französischen Apfelbrand.

Für etwa 10 Stücke:

Für den Mürbeteig:
250 g Mehl
25 g Zucker
1 Prise Salz
1 Eigelb
125 g Butter

Für den Belag:
750 g Äpfel
6 cl Calvados
150 g Aprikosenkonfitüre
Lavendelblüten zum Bestreuen (z. B. Herbaria)

Mehl auf die Arbeitsfläche sieben. In die Mitte eine Mulde drücken. Zucker, Salz, Eigelb und 3 Esslöffel kaltes Wasser in die Mulde geben. Die Butter in kleinen Stücken auf den Rand setzen. Alles zügig zu einem glatten Teig verkneten.
Den Teig in Frischhaltefolie wickeln und mindestens 1 Stunde in den Kühlschrank stellen. In dieser Zeit die Äpfel schälen, vierteln und die Kerngehäuse entfernen. Die Apfelviertel in feine Streifen hobeln und diese mit dem Calvados beträufeln.
Den Teig rund ausrollen und eine Tarteform (30 cm Durchmesser) so auslegen, dass ein etwa ½ cm hoher Rand entsteht. Den Boden mit einer Gabel mehrfach einstechen.
Die Apfelscheiben dachziegelartig auf den Boden legen. Im auf 200 °C vorgeheizten Ofen etwa 20 Minuten auf der unteren Leiste backen. In den letzten 5 Minuten die Tarte auf die obere Leiste schieben und den Grill einschalten, bis die Apfelränder dunkel werden.
Die Aprikosenkonfitüre erhitzen und auf die heiße Tarte streichen. Mit Lavendelblüten bestreuen. Am besten noch warm servieren.

Dazu passt Schlagsahne oder Vanilleeis.

Tipp: Sehr unkompliziert lässt sich Mürbeteig zwischen zwei Lagen Frischhaltefolie ausrollen. Es bleibt nichts hängen, und der Teig kann viel leichter in die Form transportiert werden.

Brioches au Rhum

Eine nur zart alkoholisierte Köstlichkeit zum Brunch, nein, natürlich zu einem ausgedehnten Petit Déjeuner.

Für etwa 20 Stück:

500 g Mehl
30 g Hefe
100 ml Milch
20 g Zucker
200 g Butter
4 Eier
1 TL Rum
½ TL Salz
Butter für die Förmche[n]
2 Eigelb zum Bestreich[en]

Das Mehl in eine Schüssel sieben. In die Mitte eine Vertiefung drücken und die Hefe hineinbröckeln. Mit der lauwarmen Milch, dem Zucker und ein bisschen von dem Mehl verrühren. Dann die Schüssel zudecken und diesen Vorteig 15 Minuten gehen lassen.
Die Butter in einem Topf zerlassen. Wenn sie flüssig ist, von der Hitze nehmen und leicht abkühlen lassen. Die Eier, den Rum und das Salz unterrühren. Alles mit dem Vorteig verrühren. Dann den Teig so lange schlagen, bis er locker wird (er wirft dann Blasen). Wieder mit einem Tuch abdecken und 30 Minuten gehen lassen. Danach aus dem Teig eine Rolle von etwa 6 cm Durchmesser formen. 20 größere und 20 kleinere Stücke abtrennen und daraus große und kleine Kugeln machen. 20 Pastetenförmchen mit Butter ausstreichen. Die großen Kugeln hineinlegen und in ihre Mitte eine Vertiefung drücken. Das Eigelb verquirlen und die Vertiefung damit bestreichen. Dann die kleinen Kugeln hineinsetzen. Alles mit Eigelb bestreichen und 10 Minuten gehen lassen.
Die Förmchen mit den Brioches in den auf 220 °C vorgeheizten Backofen auf die mittlere Schiene geben. Etwa 15–20 Minuten backen. Danach aus den Förmchen lösen und abkühlen lassen.

Tipp: Hefeteig mag's wohltemperiert. Die Milch darf nicht zu kalt, die zerlassene Butter nicht zu heiß sein. Auch die anderen Zutaten sollten Raumtemperatur haben – also die Eier rechtzeitig aus dem Kühlschrank nehmen!

Zwetschgenwasser-muffins

Zur Zwetschgenzeit ein Muss.

Für 12 Stück:

Für die Muffins:

220 g Mehl
100 g gemahlene Haselnüsse
2 TL Backpulver
Salz
1 Päckchen Vanillezucker
100 g Butter
2 Eier
120 g brauner Zucker
200 g Zwetschgen
1 EL Pflaumenmus
100 ml Sahne
2 cl Zwetschgenwasser
Butter und Semmelbrösel für die Form

Für die Füllung:

400 g Zwetschgen
100 g Zucker
2 EL Zitronensaft
½ TL Zimtpulver
2 cl Zwetschgenwasser
400 ml Sahne
½ Packung Sahnesteif

Das Mehl mit 50 g Nüssen, Backpulver, Salz und Vanillezucker in einer Schüssel vermischen. Die Butter in einem Topf zerlassen. Die Eier und den Zucker mit dem Handrührer sehr schaumig schlagen. Die Zwetschgen waschen, trocken tupfen, entsteinen und in kleine Stücke schneiden. Das Pflaumenmus und die restlichen Nüsse untermischen. Die abgekühlte Butter, die Sahne und das Zwetschgenwasser unter den Eierschaum rühren, dann das Mehlgemisch unterrühren. Zum Schluss die Zwetschgenmischung unterheben. Die Muffinverbundform buttern und mit Bröseln ausstreuen. Die Vertiefungen zu ⅔ füllen. Im auf 180 °C vorgeheizten Ofen etwa 25 Minuten backen. In der Form abkühlen lassen.
Für die Füllung ebenfalls die Zwetschgen waschen, trocken tupfen, entsteinen und in kleine Stücke schneiden. Den Zucker in einem Topf karamellisieren. Die Zwetschgen und den Zitronensaft dazugeben. Bei niedriger Hitze im offenen Topf 30 Minuten einkochen lassen. Mit Zimt und Zwetschgenwasser abschmecken. Vom Herd nehmen und vollständig abkühlen lassen.
Die Muffins aus der Form lösen und waagerecht durchschneiden. Sahne mit dem Sahnesteif steif schlagen und mit den Zwetschgen mischen. Die Muffins mit der Mischung füllen, wenn etwas von der Sahne übrigbleibt, dazu servieren.

Fritule

»Euch ist bekannt, was wir bedürfen: Wir wollen stark Getränke schlürfen.«
Johann Wolfgang von Goethe, Faust I

Auf dieses kroatische Krapfengebäck machte uns unser Internet-Freund Darko aufmerksam. Er lebt jetzt in Pfullingen, aber man muss ja nicht immer nur Schwäbisch backen ... Fritule gibt es in vielen Varianten. Wir haben uns für eine ohne Hefe entschieden.

Für 45–60 Stück:

- **2 unbehandelte Orangen**
- **3 EL Öl (z. B. Sonnenblumenöl)**
- **2 Eier**
- **4 EL Zucker**
- **300 g Joghurt**
- **2 cl Loza (ein kroatischer Tresterschnaps, alternativ Grappa)**
- **320 g Mehl**
- **2 Päckchen Backpulver**
- **Frittierfett**
- **Puderzucker**

Die Orangen schälen und die weißen Häute entfernen. Das Fruchtfleisch in kleine Würfel schneiden. Das Öl in einem niedrigen Topf erhitzen und die Orangen darin auf niedriger Hitze so lange garen, bis sie leicht braun werden. Dann auf Küchenkrepp abtropfen lassen. Die Eier mit dem Zucker, dem Joghurt und dem Schnaps verrühren. Das Mehl und das Backpulver mischen, über die Eimasse sieben und unterrühren. Zum Schluss die Orangenwürfel unterheben. Das Frittieröl in einem hohen Topf oder in einer Fritteuse auf 180 °C erhitzen. Wenn an einem Holzlöffel, den man hineinhält, feine Blasen aufsteigen, ist die Temperatur richtig. Mit zwei in Wasser getauchten Teelöffeln kleine Kugeln aus dem Teig formen und im heißen Fett etwa 5–10 Minuten ausbacken, bis sie eine gleichmäßige leichte Bräune angenommen haben.
Die fertigen Fritule auf Küchenkrepp abtropfen und mit Puderzucker bestäuben.

Rum-Waffeln

Als wir in Oslo Urlaub machten, gab es im Hotel zum Frühstück immer Waffeln. Allerdings ohne Rum. Der wäre in Norwegen viel zu teuer.

Für 8–9 Waffeln:

6 Eier
200 g saure Sahne
2 cl Rum
250 g Mehl
Öl fürs Waffeleisen

Die Eier trennen. Mit dem Handmixer das Eigelb mit der sauren Sahne schaumig rühren. Den Rum dazu, dann nach und nach das Mehl unterrühren. Das Eiweiß steif schlagen und unter den Teig heben. Das Waffeleisen einfetten und aufheizen. Den Teig portionsweise einfüllen und die Waffeln backen, bis sie knusprig sind.

Wer mag, bestreut die fertigen Waffeln mit Puderzucker.

Schwarzwälder Kirschtorte

Dieser Klassiker darf nicht fehlen, schon weil die zweitjüngste Dicker-Schwester (insgesamt sind sie zu fünft) ihn so liebt.

Für etwa 16 Stücke:

Für den Teig:
140 g Zartbitterkuvertüre
75 g Butter
6 Eier
180 g Zucker
100 g Mehl
50 g Speisestärke
2 TL Backpulver

Für Füllung und Belag:
800 g Sauerkirschen (aus dem Glas)
4 EL Speisestärke
2 EL Zucker
125 ml Kirschwasser
800 ml Sahne
3 Päckchen Vanillezucker
100 g Halbbitterschokolade
17 Maraschinokirschen

Die Kuvertüre mit der Butter im warmen Wasserbad schmelzen. Die Eier trennen. Erst das Eiweiß steif schlagen und in den Kühlschrank geben. Dann die Eigelbe mit dem Zucker schaumig rühren. Kuvertüre unterrühren.
Das Mehl mit der Stärke und dem Backpulver mischen. Alles über den Eischnee sieben und vorsichtig unter die Eigelb-Schokoladenmasse ziehen. Den Teig in eine mit Backpapier ausgelegte Springform (28 cm Durchmesser) füllen. Im vorgeheizten Backofen bei 175 °C 40–45 Minuten backen. Aus der Form nehmen und auf einem Kuchengitter auskühlen lassen.
Nach dem Erkalten zweimal waagerecht durchschneiden. Die Sauerkirschen durch ein Sieb gießen und abtropfen lassen. Den Saft auffangen. Die Speisestärke mit dem Zucker vermischen und mit etwas Saft glatt rühren. Den restlichen Saft zum Kochen bringen, die Stärkemischung hineingeben und aufkochen lassen. Dann die Kirschen hineingeben.
Von der Hitze nehmen, etwas abkühlen lassen und die Hälfte des Kirschwassers unterrühren. Zwei Böden mit Kirschwasser tränken und jeweils die Hälfte der Kirschmasse darauf verteilen, auskühlen und gelieren lassen. Achtung: Ein wenig Kirschwasser für den letzten Boden übriglassen.

Die Sahne mit dem Vanillezucker steif schlagen. Einen Boden auf eine Tortenplatte legen und mit einem Viertel der steifen Sahne abdecken. Den zweiten Tortenboden darauf legen, mit dem zweiten Viertel der Schlagsahne bedecken. Zum Schluss kommt der letzte Biskuitboden darauf. Diesen auch mit Kirschwasser beträufeln.

Die Torte rundherum mit Sahne bestreichen, einen Rest für die Verzierung übriglassen und in eine Spritztülle füllen. Die Schokolade raspeln. Den Tortenrand und die Oberfläche damit verzieren. Zum Schluss am Rand 16 Sahnerosetten und in der Mitte eine aufspritzen. Jede Rosette mit einer Maraschinokirsche belegen.

Tipp: Das Durchschneiden des Tortenbodens gelingt sauber, wenn man ein Stück Küchengarn um ihn legt und es dann durchzieht.

Getränke

Auf Cocktail-Rezepte haben wir hier bewusst verzichtet. Das Buch wäre sonst viermal so dick geworden. Wir bringen nur eine kleine Auswahl eiskalter und warmer Getränke mit Schuss, die auch als Nachtisch taugen.

Erdbeer-Lassi mit Schuss

Ein Sommerabend-Suchtfaktor.

Für 4 Personen:

600 g Erdbeeren
½ Limette
500 g Vollmilchjoghurt
200 ml Mineralwasser
6 cl Wodka
2 Päckchen Bourbonvanillezucker
Salz
10 Eiswürfel
2 Stängel Zitronenmelisse

Die Erdbeeren waschen, putzen und trocken tupfen. 4 davon beiseite legen, den Rest mit dem Stabmixer in einer mittelgroßen Rührschüssel pürieren. Die Limette auspressen. Den Saft mit dem Joghurt, Mineralwasser, Wodka, Vanillezucker und 1 Prise Salz zu den Erdbeeren geben und vermixen. Dann die Eiswürfel unterrühren.

Auf 4 Gläser verteilen und mit je 1 Erdbeere und einigen Blättchen Zitronenmelisse garnieren.

Irish Ice Coffee

Die sommerliche Variante des Klassikers ist durch den Espresso eine irisch-italienische Affäre.

Für 4 personen:

4 Tassen Espresso
4 cl irischer Whiskey
100 g Zitronen-Eis

Den Espresso bereiten und in größere Tassen geben. Den Whiskey auf die Tassen verteilen. Je 1 Kugel Eis darauf setzen.

Tipp: Das schmeckt natürlich auch mit jedem anderen Whiskey oder Whisky – die Iren werden das schon verzeihen.

Caffè Corretto

Die Italiener »korrigieren« ihren Espresso mit Hochprozentigem. Getrunken wird er gern nach einem guten Essen.

Den Espresso bereiten und in Tassen geben. Den Schnaps gerecht auf die Tassen verteilen. Nach Belieben und persönlichem Geschmack zuckern.

Für 4 Personen:

4 Tassen Espresso
4 cl Grappa, Weinbrand oder Likör
evtl. Zucker

Tee-Punsch

Wir haben dieses Rezept aus dem 1809 erschienenen Buch *Der elegante Teetisch* übernommen. Dort wird der Punsch über einem Kohlenfeuer bereitet. Ein moderner Herd tut's aber auch.

Die Zitronenschale abreiben und in ein feines Sieb geben. Den Saft auspressen und in einen Topf gießen. Den Zucker einrühren.
Den Tee zubereiten und über das Sieb ebenfalls in den Topf gießen. Zum Schluss den Arrak dazugeben und alles einmal aufkochen lassen.

Für 4 Personen:

4 ungespritzte Zitronen
8 TL Zucker
4 TL schwarzen Tee (z. B. Darjeeling)
10 cl Arrak

Wachmacher-Grog

Der Warmmacher Grog wird hier mit Kaffee kombiniert. Als Frühstücksgetränk empfehlen wir ihn aber dennoch nicht.

Den Kaffee mit kochend heißem Wasser von Hand brühen. Den Cognac erhitzen. Kaffee und Cognac in Groggläser oder Tassen gießen. Den Zucker dazugeben und gut verrühren. Von der Zitronenschale vier Streifen abschneiden und ebenfalls dazugeben.

Für 4 Personen:

4 Tassen Kaffee
8 cl Cognac
4 TL Zucker
1 ungespritzte Zitrone

Chinesischer Schlummertrunk

Die würzige Asienalternative zum heißen Bier mit Honig.

Den Ingwer schälen und in 3–4 Stücke teilen. In 250–300 ml Wasser etwa 15–20 Minuten auskochen. 4 cl Gaoliang aufgießen und auf Trinktemperatur abkühlen lassen.

Für 4 Personen:

50 g frischer Ingwer
4 cl Hirseschnaps (Gaoliang oder Maotai)

Zu guter Letzt ein Beitrag nicht vom Küchen-, sondern vom Bücher-Chef.

ars-vivendi-Suppe

Mit dieser Kreation begeisterte uns Verleger Norbert Treuheit bei einer Autorenweihnachtsfeier. Natürlich haben wir ihn gleich gebeten, das Rezept unserem Schnapskochbuch beizusteuern.

Für 4 Personen:

- 1 große mehlig kochende Kartoffel
- 500 g Knollensellerie
- 2 Zwiebeln
- 4 EL Butter
- 125 ml trockener Weißwein
- 500 ml Gemüsebrühe
- 250 ml Milch
- 200 ml Sahne
- Salz, Pfeffer
- 150 g Gorgonzola
- 1 Birne
- 2 EL Zitronensaft
- 1 EL Honig
- 1 EL Zucker
- 2 cl Birnenbrand

Die Kartoffel und den Sellerie schälen und in Würfel schneiden. Die Zwiebeln schälen und klein würfeln. In einem Suppentopf die Hälfte der Butter zerlassen, darin die Zwiebeln andünsten. Sellerie- und Kartoffelwürfel dazugeben und unter Rühren 3–4 Minuten mitdünsten. Den Wein, die Brühe, die Milch und die Sahne unterrühren, salzen und pfeffern. Alles zugedeckt etwa 25 Minuten bei mittlerer Hitze köcheln lassen, bis der Sellerie gar ist.
Inzwischen den Gorgonzola in kleine Würfel schneiden. Die Birne waschen, vierteln und das Kerngehäuse herausschneiden. Die Birnenviertel jeweils längs in dünne Spalten schneiden und in 1 Esslöffel Zitronensaft wenden. Die restliche Butter in einer Pfanne zerlassen. Die Birnen darin 2–3 Minuten bei mittlerer Hitze braten, dann Honig und Zucker dazugeben, etwa 3 Minuten weiterbraten. Zum Schluss den Birnenbrand einrühren und unter Rühren verdampfen lassen. Die Pfanne vom Herd nehmen.
Die Hälfte des Gorgonzolas in die Suppe geben und unter Rühren darin schmelzen lassen. Die Suppe salzen, pfeffern und mit dem übrigen Zitronensaft abschmecken. Danach mit dem Stabmixer cremig pürieren. Die Suppe auf Teller verteilen und jeweils 3 Birnenspalten und einige Gorgonzolawürfel daraufgeben.

Schnaps-
menüs

Retro-Buffet

Die 60er und 70er lassen grüßen.

Russische Eier (Seite 16) – Grabba-Cocktail (Seite 20) – F(r)ischkäse-Brötchen (Seite 16) – Dreierlei Käse mit Kirsch (Seite 17) – Fleischsalat (Seite 19) – Wacholderschinken in Blätterteig (Seite 26) – Schwarzwälder Kirschtorte (Seite 160) – Edler Tropfen und Nuss (Seite 152) – Irish Ice Coffee (Seite 164)

Kreolisch-karibische Nächte

Für subtropische Sommerabende.

Gegrillter Fisch mit Sauce Chien und Anjas Agaven-Avocado (Seite 36 und 30) – Hühnchen in Kokos-Bananen-Rum-Sauce mit scharfen Ananas (Seite 79 und 137) – Gin-taloupe (Seite 141)

My Heart is in the Highlands

So kann Schottland schmecken – mit einem kleinen Abstecher über die Irische See.

Cullen Skink (Seite 52) – Hochland-Hirschgulasch (Seite 76) – Guinness-Pudding mit Whiskey-Sauce (Seite 150)

Mediterran mit Schuss

Griechisch-Italienisch-Spanisch für Anfänger und Fortgeschrittene.

Auber-Gin-en Tonnato (Seite 21) – Ouzorangen-Salat (Seite 38) – Spaghetti Gattopardo (Seite 107) – Schnaps-Sardinen gratiniert (Seite 92) – Karamell-Panna-Cotta (Seite 149)

Sonntag ist Obsttag

Küchenklassiker mit verschiedenen Bränden.

Schmalzbrot (Seite 14) – Zwiebelsuppe mit Quitten-Croutons und Parmesan (Seite 49) – Wiener Schnitzel in Williams-Panade (Seite 60) – Kartoffel-Gurken-Obst-Salat (Seite 43) – Pfirsich pur (Seite 144)

Schnaps-kunde

Kleine Schnapskunde

Brand, Geist, Likör – in diese drei Kategorien lassen sich Schnäpse grob einteilen. Liköre seien hier vernachlässigt, weil wir sie in unserem Kochbuch nicht verwenden.

Geiste entstehen dadurch, dass zerkleinerte Beeren oder Früchte in neutral schmeckenden, hochprozentigen Trinkalkohol (Ethanol) eingelegt werden. Durch das sogenannte Mazerieren lösen sich die Aromastoffe im Alkohol. Dieser Vorgang kann mehrere Wochen dauern. Angewendet wird das Verfahren vor allem bei sehr aromareichen Beeren, die zu wenig Zucker für eine alkoholische Vergärung mitbringen. Typische Vertreter sind Himbeer-, Brombeer- und Schlehengeist.

Die allermeisten Schnäpse werden gebrannt. Technisch heißt das, dass mittels des thermischen Verfahrens der Destillation durch alkoholische Gärung gewonnene Flüssigkeiten getrennt werden. Den Schnapsbrenner interessiert hier der Teil, in dem sich der Alkohol konzentriert. Das Destillieren von Trinkalkohol verbreitete sich etwa ab dem Jahr 1000 in Europa. Zunächst wurde er vor allem als Medizin gehandelt.

Grundlage für das Brennen sind zucker- oder stärkehaltige Rohstoffe. Mit zuckerhaltigem Obst ist es relativ einfach. Beim sogenannten Maischen wird der Fruchtzucker im Saft mittels Hefepilzen zu Alkohol vergoren. Dies ist der gleiche Prozess wie bei der Herstellung von Wein oder Apfelmost. Bei Getreide oder Kartoffeln muss dagegen zunächst die Stärke in vergärbaren Zucker umgewandelt werden. Das geschieht beim Maischen unter Zugabe von warmem Wasser durch Enzyme. Diese Kulturtechnik beherrscht der Mensch schon seit Jahrtausenden – Stichwort Bierbrauen.

Um den Alkoholgehalt der Flüssigkeit zu steigern, bedarf es dann aber der Destillation. Diese nutzt die Tatsache aus, dass Alkohol bereits ab 78 °C verdampft, also von der Maische getrennt wird. Vom Erhitzen in den speziellen Apparaturen, in denen der Dampf auch aufgefangen, abgekühlt und so wieder verflüssigt wird, kommt der Begriff »Brennen«.

Ein besonderes Augenmerk des Brenners muss der so gewonnenen Flüssigkeit gelten. Was zuerst verdampft und als sogenannter Vorlauf herauskommt, enthält einen hohen Anteil an Methanol und anderen Giftstoffen und muss abgetrennt werden. Beim Nachlauf aus höheren Brenntemperaturen ist dann ein hoher Anteil sogenannter Fuselöle enthalten. Diese sind zwar geschmacksprägend, ihr Anteil sollte der Bekömmlichkeit halber aber nicht zu groß sein.

Eine ganz entscheidende Rolle spielt bei vielen Schnäpsen jedoch das, was nach dem Brennen mit ihnen passiert. Denn bis dahin machen vor allem die verwendeten Rohstoffe eine Differenz zwischen den klaren Flüssigkeiten. Manche Alkoholika werden traditionell mit Aromen versetzt, bei anderen ist das streng verboten. Eine Besonderheit ist die Veränderung, die ein Schnaps durch die Lagerung erfährt. Bestes Beispiel: Whisky. Während ein Teil des Lebenswassers im Laufe der Zeit verdunstet (The Angels' Share), reift der Rest in Holzfässern und gewinnt dabei an Geschmack und Farbe. Dieser Prozess der Interaktion mit den Inhaltsstoffen des Holzes funktioniert natürlich nicht nur mit Whisky.

Sorten

Dieser Schnelldurchlauf zwischen Vorlauf und Nachlauf kann sicher nicht die unzähligen Abhandlungen ersetzen, die darüber verfasst wurden. Im Rahmen dieses Kochbuchs soll er aber einen kleinen zusammenfassenden Überblick geben. Ebenso wie die folgende Schnapstypologie, die keinen Anspruch auf Vollständigkeit erhebt. Ein jeder Schnaps wäre ein eigenes Buch wert – und über viele ist auch schon regalmeterweise Literatur vorhanden. Deshalb nur ein paar kurze charakterisierende Worte über die bekanntesten – und in diesem Kochbuch verwendeten – Spirituosen:

Schnäpse aus Stärke (Getreide – wie Gerste, Weizen, Mais, Hirse, Reis, et cetera – oder Wurzelknollen – wie Kartoffel, Enzian, Bärwurz, etc.)

Korn

Wie der Name schon sagt, wird er aus Getreide gebrannt, zumeist Weizen oder Roggen. Ein Klarer mit mindestens 32 Prozent – ab 37,5 Prozent darf er sich auch Kornbrand nennen – heißt dann aber meistens Doppelkorn. Der stets neutrale Geschmack rührt auch daher, dass ihm weder Würze noch Aromen oder andere Lebensmittelzusatzstoffe zugegeben werden dürfen. Laut der EG-Verordnung ist die Herstellung von Korn geografisch auf Deutschland, Österreich und die deutschsprachige Gemeinschaft Belgiens begrenzt.

Whisky

Whisky ist ein Getreidebrand, der ursprünglich aus Schottland oder Irland stammt und dort immer noch eine feste Heimat, sich aber weltweit ausgebreitet hat – hauptsächlich in Nordamerika, zum Beispiel aber auch in Japan. Grundrohstoff ist zumeist Gerste, bei amerikanischen jedoch auch Mais (Bourbon Whiskey) oder Roggen (Rye Whiskey). Wichtige Geschmacksfaktoren sind daneben die Art, in der das Malz aufbereitet wird (z. B. über Torf-Feuer getrocknet), das verwendete Wasser und natürlich die Reifung im Holzfass. Single Malt ist ein Whisky rein aus Gerstenmalz, der in einer Brennerei produziert wurde. Blended ist dagegen ein Verschnitt aus mehreren verschiedenen Whiskys.

Wodka

Entgegen einer weitverbreiteten Meinung wird Wodka zumeist nicht aus Kartoffeln hergestellt, sondern aus Getreide. Im Prinzip ist es aber egal, denn er kann aus allen stärkehaltigen Rohstoffen oder aus Melasse (Zuckersirup) gebrannt werden. Hauptsache, das fertige »Wässerchen« ist vollkommen klar und geschmacksneutral. Durch Filtration werden ihm möglichst sämtliche Fuselöle entzogen. Heimatländer des Wodkas sind Russland und Polen, er hat aber auch in Schweden und Finnland Tradition.

Baijiu

Wörtlich »Weißer Alkohol« heißen chinesische Schnäpse auf Getreidebasis. Zumeist ist dies Reis oder Hirse. Das japanische Pendant ist der Reisschnaps Kome-Shochu. Sake ist dagegen kein Schnaps, sonder firmiert als Reiswein, obwohl er vom Herstellungsprozess eher dem Bier verwandt ist. Der bekannteste chinesische Schnaps ist der Maotai aus Hirse (Sorghum) und Weizen, ein weiterer Hirseschnaps der Gaoliang.

Enzian

Der Enzianschnaps wird nicht aus den Blüten, sondern aus den Wurzelknollen der Pflanze hergestellt. Er ist, neben dem Bärwurz, der wohl bekannteste Vertreter dieser Art. Der leicht bittere Geschmack hat dazu geführt, dass ihm medizinische Wirkung oder zumindest Verdauungshilfe nachgesagt wird. Weitere Knollen, die sich zur Schnapsherstellung eignen, sind – natürlich – die Kartoffel sowie Blutwurz und Topinambur.

Schnäpse aus Obst und anderen zuckerhaltigen Früchten und Pflanzen

Obstbrände

Als Obstler, Obstwasser oder Obstbrand werden Schnäpse bezeichnet, die aus mehreren – in der Regel zwei – verschiedenen Obstsorten gebrannt werden. Zumeist sind dies Apfel und Birne. Weitere verbreitete Obstsorten zur Schnapsproduktion, die normalerweise auch sortenrein gebrannt werden, sind beispielsweise Pflaumen (Zwetschgenwasser, Slivovic), Kirschen (Schwarzwälder Kirsch), Mirabellen, Quitten, Pfirsiche und Aprikosen (österreichischer Marillenschnaps).

Die Geschmacksvielfalt ist so groß wie die der verwendeten Obstsorten. Apfel- und Birnenbrände werden oft auch sortenrein hergestellt, z. B. der »Willi« aus Williams Christ-Birnen. Eine Sonderform des Apfelbrandes ist der französische Calvados, der aus zu Cidre vergorenem Apfelmost gebrannt wird.

Weinbrand

Brandy, Weinbrand und Cognac sind die bekanntesten Namen aus der weiten Welt der aus vergorenen Weintrauben bzw. aus Wein gebrannten Spirituosen. Cognac, benannt nach der Region um die gleichnamige Stadt in Südwestfrankreich, ist der Klassiker schlechthin – und als Herkunftsbezeichnung geschützt. Er wird aus einem eigens angesetzten Weißwein gebrannt und dann in Eichenfässern gelagert. Die Reifung im Holzfass ist auch für Weinbrand bzw. Brandy nach EU-Recht verbindlich. Weinbrand ist die deutsche Bezeichnung für die gleiche Sache, Brandy das englische Wort, das vor allem in Spanien gebraucht wird. Spanien ist auch der größte Brandy-Produzent der Welt.

Tresterbrände

Auch aus den Überbleibseln der Weinherstellung – Traubenschalen, -stängel, -kerne – lassen sich noch Schnäpse produzieren. Bekanntestes Beispiel für die aus den ausgepressten Trauben (Trester) gebrannten Spirituosen ist der italienische Grappa. In Österreich firmiert der Trester als Trebern, in Spanien als Orujo und in Frankreich und der Schweiz als Marc. Jedes Weinland hat sich den eigentlichen Abfall zu eigen gemacht. War der Tresterbrand früher oft ein Billigschnaps, so wird er heute oft sortenrein – z. B. Grappa di Barolo – aus Edeltrauben gebrannt und nach der Barrique-Methode in Eichenfässern ausgebaut.

Rum

Zuckerrohr ist der Grundstoff für Rum. Dementsprechend ist seine Heimat die Karibik sowie Mittel- und Südamerika. Durch die europäischen Kolonialherren wurde er – per Schiff – in der ganzen Welt verbreitet und zum beliebten Getränk der Seefahrer. Sie nutzten den Alkohol vor allem, um die Trinkwasservorräte haltbar zu machen. Auch Rum erhält durch die Reifung in Holzfässern seine spezielle Note. Die brasilianische Variante Cachaça ist vor allem als Hauptbestandteil des Cocktails Caipirinha bekannt. Nicht zu verwechseln ist echter Rum mit sogenanntem Rumverschnitt, der mit Wasser und neutralem Alkohol versetzt wird und nur 5 Prozent echten Rum enthalten muss.

Mezcal

Agaven sind der Rohstoff für den Mezcal, dessen bekanntester Vertreter der Tequila ist. Der zur alkoholischen Gärung notwendige Zucker wird aus den Herzen der abgeblühten, mit dem Spargel verwandten Pflanzen gewonnen. Mit der Droge Meskalin, die aus einer Kaktusart gewonnen wird, hat dieser mexikanische Schnaps nichts zu tun.

Aromatisierte Schnäpse

Kümmel, Wacholder und Anis liefern beliebte und altbewährte Aromen für Schnäpse. Anis findet sich weitverbreitet vor allem im Mittelmeerraum bei Pastis, Ouzo, Raki, Arak und Sambuca. Der Wacholder liefert dem Gin, dem Genever, slowakischen Borovi'kas und in Deutschland dem Steinhäger das gewisse Extra. Kümmel ist vor allem im Aquavit der Geschmacksgeber. Auch Gewürzmischungen, vor allem mit Dill, aber auch mit Fenchel, Koriander oder Nelken kommen hier zum Einsatz.

Register

A

B

C

D

E

F

G

H

I

K

T

W

Z

Notizen

Notizen

Notizen

Notizen